Informationstechnik
und
Datenverarbeitung

Werner Duus   Jürgen Gulbins

# CAD-Systeme

## Hardwareaufbau und Einsatz

Mit 41 Abbildungen

Springer-Verlag
Berlin Heidelberg New York 1983

Werner Duus
Kernforschungszentrum Karlsruhe
Abteilung für Angewandte Systemanalyse (AFAS)
Postfach 3640, D-7500 Karlsruhe 1

Jürgen Gulbins
Universität Karlsruhe, Institut für Informatik II
Postfach 6380, D-7500 Karlsruhe 1

ISBN-13:978-3-540-11759-9     e-ISBN-13:978-3-642-68715-0
DOI: 10.1007/978-3-642-68715-0

CIP-Kurztitelaufnahme der Deutschen Bibliothek
*Duus, Werner:* CAD-Systeme: Hardwareaufbau u. Einsatz/
Werner Duus; Jürgen Gulbins. –
Berlin; Heidelberg; New York: Springer, 1983.
(Informationstechnik und Datenverarbeitung)
ISBN-13:978-3-540-11759-9

NE: Gulbins, Jürgen:



2145/3140-543210

# Vorwort

Die Abteilung für *Angewandte Systemanalyse* (AFAS) im *Kernforschungszentrum Karlsruhe* erstellt seit 1979 eine Studie über die ökonomischen und sozialen Auswirkungen des Rechnereinsatzes in den Konstruktionsabteilungen der Maschinenbaubetriebe. Nach einer Pilotstudie in ausgewählten Firmen zur ersten Standortbestimmung war es für die nachfolgenden detaillierteren Untersuchungsphasen notwendig, einen Überblick über das derzeitige Angebot der Rechnerhersteller zu bekommen. Das Ergebnis dieser Studie, die aus eigenen Erfahrungen, Literaturrecherchen und einer Herstellerbefragung zusammengesetzt ist und in Zusammenarbeit mit der Universität Karlsruhe erstellt wurde, wird in diesem Band vorgelegt.

Besonderer Dank gebührt dabei den Mitarbeitern der Projektgruppe der *AFAS* – Herrn M. Rader, Herrn U. Riehm und Herrn B. Wingert – für die Unterstützung bei der Vorbereitung der Untersuchung sowie den Firmen, welche zumeist sehr offen und detailliert Antworten zur Herstellerbefragung gaben.

Karlsruhe, im Oktober 1982                                  Die Autoren

# Inhaltsverzeichnis

# 1 Einleitung

Eine rasante Entwicklung der Rechnertechnologie (Hardware) und der Programmsysteme (Software) in den letzten Jahren ließ die EDV außer in die traditionellen Bereiche wie „kommerzielle Rechnungen" und „technisch-wissenschaftliche Berechnungen" auch in Bereiche wie Konstruktion, Entwurf und in die Fabrikation eindringen. Der bislang mehr experimentelle Einsatz von rechnergestütztem Konstruieren und Entwerfen (**CAD** = *Computer Aided Design*), rechnergestützter Produktion (**CAM** = *Computer Aided Manufacturing*) sowie rechnergestützter Textverarbeitung hat inzwischen ein Stadium erreicht, wo der breitere Einsatz dieser Techniken auch für die mittelständische Industrie nicht nur wirtschaftlich vertretbar, sondern aus Wettbewerbsgründen notwendig erscheinen könnte.

Das vorliegende Buch versucht

- eine Erfassung und Dokumentation des technologischen Standes von CAD-Hardware
- eine Abschätzung wesentlicher technologischer Trends für die nächsten 3–5 Jahre
- eine Analyse typischer CAD-Konfigurationen sowie eine Abschätzung der mutmaßlichen Preisentwicklungen im Soft- und Hardwarebereich
- eine Analyse der technischen Einsatzmöglichkeiten von CAD-Systemen

und faßt das Ergebnis einer Herstellerbefragung zu obigem Themenkreis zusammen.

Dieser Bericht ist so abgefaßt, daß er zur Beratung mittelständischer Unternehmen bei der Beschaffung geeigneter CAD-Systeme herangezogen werden kann. Ohne in den einzelnen Kapiteln explizit darauf hinzuweisen, wird daher auf die Hardwareaspekte und wichtigen Eigenschaften der Grundsoftware für solche Systeme eingegangen, während extrem große CAD-Anwendungen sowie Spezialanwendungen, wie sie im militärischen Bereich vorkommen, nicht berücksichtigt sind. Auch wurden Geräte und Techniken, die in den nächsten 3–5 Jahren (bis etwa 1987) keine Aussicht haben, in breiterem Umfang im CAD-Bereich eingesetzt zu werden, nicht mit in die Diskussion aufgenommen.

Da hier u.a. versucht werden soll, die Preise abzuschätzen, hierzu der wichtige Faktor der Inflationsrate jedoch kaum vorhergesagt werden kann, sind die angegebenen Preisentwicklungen auf den heutigen Geldwert (1982) zu beziehen. Bei der Vorhersage wird also der Versuch gemacht, die durch technische Entwicklung bedingten Tendenzen abzuschätzen, ohne globalwirtschaftliche Einflüsse (wie z.B. die Inflationsrate) zu berücksichtigen, obwohl diese natürlich Rückwirkungen darauf haben.

Die wirklichen Preise der Hardware werden sich dann etwas geringer als die Inflationsrate – durch Weiterentwicklung der Fertigungstechniken – und die der Software – vorwiegend wegen personell bedingter Kosten – um die volle Inflationsrate erhöhen.

# 2 CAD-Systeme

Unter *CAD* soll analog zu Bechmann u. a. (1979) die Unterstützung des Menschen durch im Rechner gespeicherte Informationen und durch vom Rechner durchgeführte Berechnungen beim Prozeß des Entwerfens und Konstruierens verstanden werden.

Die technische Unterstützung umfaßt drei wesentliche Arbeitsschritte:

a)   Erfassung bzw. Erstellung von Daten
b)   Operationen (Abruf, Modifikation, Verknüpfung) mit den Daten
c)   Ausgabe von Daten.

Ein CAD-System muß hierfür die notwendigen Geräte (*Hardware*) sowie die notwendigen Verarbeitungsprogramme (*Software*) bereitstellen.

Nach heutigem Verständnis ist der Mensch (noch) wesentlicher Teil eines CAD-Systems, d.h. die eigentlichen Entwurfsentscheidungen können (noch) nicht von der Maschine übernommen werden. Die Aufgabenteilung kann dabei etwa wie folgt aussehen:

Der Mensch übernimmt

– die kreative Aufgabe des „Erfindens" bzw. Findens von Lösungen,
– die Erkennung und Auswertung von formal schwer beschreibbaren Zusammenhängen (komplexere Mustererkennung),
– die Bewertung einer erarbeiteten Lösung.

Die Maschine übernimmt

– die Speicherung und Vorverarbeitung von Daten,
– das Auffinden einzelner Daten aus großen Datenbeständen,
– die Ausführung von algorithmisch beschreibbaren Berechnungen,
– die Informationstransformation, d.h. die Umwandlung von Daten in andere Darstellungsformen (z.B. Daten → Zeichnung, Zeichnung → Daten).

Aus der Aufgabenverteilung ergibt sich eine starke Interaktion zwischen Mensch und Maschine. Hieraus folgt, daß CAD-Systeme neben den Standardbestandteilen eines DV-Systems, die zur reinen Berechnung, Speicherung, Ein- und Ausgabe der Daten notwendig sind, spezielle Mittel für die Interaktion bereitstellen müssen. Dies wäre im einfachsten Falle eine alphanumerische Dialogstation (Drucker oder Sichtgerät). Zumeist bestehen jedoch auch Möglichkeiten zur graphischen Interaktion. Diese Ausgabegeräte sind in Abschn. 4.1, die Eingabegeräte in Abschn. 4.2 beschrieben.

## 2.1 CAD-Systeme und ihre Komponenten

Die datentechnische Umgebung bestimmt wesentlich die Konfiguration eines CAD-Systems und seiner Komponenten. Hier lassen sich – von zahlreichen Varianten abgesehen – drei wesentliche Konfigurationen unterscheiden:

(1) das in sich abgeschlossene Stand-Alone System ohne direkte Verbindung zu anderen Rechnersystemen,

(2) ein System mit einem größeren Rechner als Wirtsrechner und einem Kleinrechner als Satellit,

(3) ein Großrechnersystem, mit dem CAD-System über einen Vorrechner verbunden.

Die Einbettung des CAD-Arbeitsplatzes in seine Umgebung hat jedoch nicht nur auf die Hardwarekomponenten Einfluß, sondern in starkem Maße auch auf den Betrieb der Anlage, auf Art und Umfang der notwendigen Software, auf Datensicherung und Datensicherheit (Geheimhaltung) sowie auf menschliche Faktoren, wie sie sich in der Akzeptanz des Systems äußern. Allgemein läßt sich sagen, daß mit der Unabhängigkeit eines Systems von anderen Systemen auch das notwendige „Know How" des Benutzers ansteigt, ebenso wie der Umfang der lokalen Software, der Aufwand für deren Pflege, die Investition für lokale Hardware und deren Pflege. Der durch die Trennung gewonnene Vorteil liegt in einer größeren Unabhängigkeit und spezifischen Verwendungsfähigkeit (z.B. Betriebszeiten, allgemeine Konventionen, Kosten, Umstellungen).

## 2.2 Das Stand-Alone System

Das *CAD-Stand-Alone System* ist bis heute bei fertigen CAD-Systemen (*Turn Key Systems*) der Standard. Hierbei besteht die Notwendigkeit, daß alle für den Betrieb und die Programmierung notwendigen Komponenten einer DV-Anlage vorhanden sind. Dazu gehören neben der Zentraleinheit mit Speicher und eventuell einem Gleitkommaprozessor zur Erhöhung der Rechengeschwindigkeit:

– eine Rechnerkonsole (als Drucker oder Sichtgerät)
– ein Drucker (minimale Druckleistung ca. 150 Zeilen/min)
– eine Dialogstation (die mit dem CAD-Arbeitsplatz identisch sein kann)
– Magnetplatten (minimal 1 Laufwerk)
– ein Sicherungsmedium (ein zweites Magnetplattenlaufwerk oder eine Magnetbandstation).

Hierzu kommen, abhängig von den verwendeten Datenträgern, Geräte wie

– Lochkartenleser
– Lochstreifenleser und Lochstreifenstanzer (z.B. zur Ausgabe für numerische gesteuerte Werkzeuge)
– Floppy-Disk-Laufwerke (zur Sicherung von kleineren Datenbeständen)
– Magnetplatten-Laufwerke
– CAD-Ein/Ausgabegeräte (Sichtgeräte, Plotter, usw.).

Das *Stand-Alone System* hat den Vorteil struktureller Einfachheit und damit größerer Transparenz für den Benutzer. Des weiteren macht es ihn unabhängig von der Entfernung und vom Betrieb anderer Systeme; insbesondere garantiert die Benutzung des Systems durch einen oder nur wenige Benutzer schnelle Antwortzeiten. Es setzt jedoch beim Benutzer gewisse Grundkenntnisse der DV sowie des speziellen Systems voraus, da dieser Aufgaben wie Starten des Systems, Pflegen des Systems (Hardware und Software) sowie die Organisation der Reparaturen für das System übernehmen muß. Diese Aufgaben sind bei kleineren Systemen mit 1/4 Mannkraft, bei größeren Systemen oder bei mehreren Systemen gleichen Typs mit bis zu einer Mannkraft zu veranschlagen. Ein besonderes Problem solcher Systeme ist die Datensicherung, d.h. die Erstellung einer aktuellen Kopie der Daten, um Datenverluste bei technisch oder menschlich verursachter Zerstörung der Daten zu vermeiden. Die Sicherung kann entweder von jedem Benutzer persönlich (unzuverlässiges Verfahren) oder zentral mit entsprechendem Aufwand durchgeführt werden. Darüber hinaus liegt ein Nachteil der Stand-Alone Systeme in der Notwendigkeit der oben ausgeführten umfangreichen und teuren Peripherie, ohne daß diese optimal genutzt werden kann. Daneben ist es oft notwendig, Daten von anderen Abteilungen des gleichen Unternehmens zu bearbeiten. Auch hier bringt das Stand-Alone System Nachteile mit sich, sofern nicht ein bequemer Datentransport möglich ist.

## 2.3 Das Satellitensystem

Bei *CAD-Satellitensystemen* sind zahlreiche Variationen möglich, die zwischen zwei Extremen liegen:

A)  Weitgehend eigenständige CAD-Satellitensysteme mit „langsamer" Kopplung zu einem Wirtsrechner (*Host-Rechner*). Diese Verbindung wird nur dazu benutzt, um gelegentlich Zugriff auf einen Großrechner zu haben und um relativ wenig Daten mit diesem auszutauschen, bzw. um an diesem eigenständige Programme zu rechnen, welche allein auf dem Wirtsrechner ablaufen.

B)  Die CAD-Anwendung läuft auf dem Wirtsrechner, der Satellit dient nur als lokale Rechnerkapazität.

Bei dem System A) liegt praktisch ein Stand-Alone System vor, wobei die vorhandene Rechnerkapazität dazu benutzt werden kann, eine RJE-Station (**R**emote **J**ob **E**ntry-Station) für den Wirtsrechner zu simulieren. Zu den Komponenten des Stand-Alone Systems kommen die Hard- und Softwarekomponenten für die DFÜ (**D**aten-**F**ern-**Ü**bertragung). Die meisten der auf dem Markt befindlichen CAD-Stand-Alone Systeme bieten für einen oder mehrere Wirtsrechnersysteme eine solche „lose Kopplung" an, wobei Kopplungen zu den IBM-Großsystemen bei fast allen Anbietern zu finden sind.

Während mit Normen wie V.24 (V24) und X.21 (X21) für Datenleitungen hier auf der Hardwareebene bereits eine – wenn auch nicht vollständige, so doch akzeptable – Kompatibilität zwischen den unterschiedlichen Rechnern (gleicher und verschiedener Hersteller) erreicht ist, stellt bis heute das Kommunikationsprotokoll [d.h. die Nachrichtenformate, Sicherungsprozeduren und verschiedenen Codes (z.B. ASCII, EBCDIC, BCD)] noch ein Problem dar. Ein 1979 vorläufig verabschiedeter X.25-Standard (X25) versucht hier Abhilfe zu schaffen. Allerdings dürfte die Entwicklung der für X.25 notwendigen Hardware und Software noch einige Zeit in Anspruch nehmen, so daß erst in 2–3 Jahren diese Technik allgemein in CAD-Systemen vorzufinden sein wird.

Mit X.25 ist jedoch lediglich festgelegt, auf welche Weise zwei oder mehr Rechnersysteme miteinander kommunizieren. Was jedoch zu einer vollen Rechnerkopplung noch fehlt, sind Konventionen über einheitliche Daten-, Datei- und Kommandoformate sowie über einheitliche Kommandos, wie sie z.B. zum Öffnen, Schließen und Attributieren von Dateien oder zum Eröffnen und Beenden einer Sitzung notwendig sind. Erst hierdurch wird eine relativ einfache Kopplung unterschiedlicher Rechnersysteme (gleicher oder verschiedener Hersteller) möglich bzw. ein „offenes System" realisiert (Schindler, 1980). Auch hier wird bereits intensiv auf nationaler und internationaler Ebene an einer Standardisierung gearbeitet; da dies die (sehr unterschiedliche) Software und den Systementwurf wesentlich beeinflußt und die Hersteller nur ein begrenztes Interesse an Kompatibilität mit anderen Systemen haben, dürfte eine Standardisierung frühestens in 3 Jahren zu erwarten sein. Ihre Einführung wird noch länger auf sich warten lassen.

Die Systeme vom Typ B) ähneln sehr der Konfiguration (3), d.h. die eigentliche CAD-Anwendung läuft auf dem Wirtsrechner, während ein Kleinrechner als Satellit Aufgaben wie lokales Editieren, Puffern von Eingabeeinheiten (wie Textzeilen, Folgen von Eingabeereignissen (*Events*), die Erzeugung lokaler Echos (z.B. Text, Cursor, Blinken identifizierter Objekte) übernimmt, sowie die Umsetzung geräteunabhängiger Daten der Ausgabe (z.B. wie Polygonzug, Text, Marker, Kreise) auf die Datenformate der angeschlossenen Geräte (Sichtgerät, Plotter, usw.) und deren gerätespezifischen Eingabedaten in normierte Daten für das CAD-System durchführt. Je enger diese Kopplung ist, d.h. je mehr Daten zwischen Wirtsrechner und Satellit ausgetauscht werden, um so kritischer ist die Kommunikationsschnittstelle. Sind beide Rechner über eine Kanalkopplung verbunden, sind zwar sehr hohe Datenraten (1–4 Megabyte/s) möglich, jedoch wird zum einen damit die Entfernung zwischen Wirtsrechner und Satellit eingeschränkt (bis 150 Meter, mit spezieller Hardware etwa bis 1500 Meter), zum anderen wird durch die hohe Transferrate die Leistung des Wirtsrechners spürbar herabgesetzt. Ein weiterer Nachteil solcher Kopplungen ist der relativ hohe Preis (DM 30 000–50 000) der Kopplungshardware.

Müssen größere Entfernungen überbrückt werden und sind langsamere Übertragungsraten tolerierbar, so wird in der Regel wesentlich billigere serielle DFÜ-Hardware verwendet (DM 1 000–5 000) (Abschn. 3.6). Hinzu kommen meistens noch weitere Kosten wie Modemmiete, Standleitungskosten oder DFÜ-Kosten privater oder öffentlicher Netze. Darüberhinaus werden mit der herkömmlichen Technologie nur Übertragungsraten von 1200–9600 Baud, mit moderneren Verfahren bis 50K Baud erreicht. (9600 Baud sind ca. 1000 Zeichen/s, 50K Baud ca. 5K Zeichen/s.)

Je enger (d.h. schneller) die Kopplung zwischen Wirtsrechner und Satellit ist und je weniger Aufgaben, die nicht zu CAD gehören, auf dem Satelliten durchgeführt werden, um so weniger Peripherie wird am Satelliten benötigt. Im extremen

Fall der Konfiguration (3) besteht der Satellit lediglich aus einer Zentraleinheit und dem angeschlossenen CAD-Arbeitsplatz. Die bei Konfiguration (1) aufgeführte Peripherie muß dann am Wirtsrechner vorhanden sein. Bei Konfiguration (2) fehlt es nicht an Versuchen, optimale Auslastung und Aufgabenteilung zwischen Wirtsrechner und Satellit zu erreichen. Es wurden sogar Versuche gemacht, die Aufgabenverteilung dynamisch und abhängig von der Last des Wirtsrechners und des Satelliten durchzuführen. Hier ergeben sich jedoch 3 Probleme:

a)  Es ist schwierig, die Lastverhältnisse eines Rechners vom Programm (CAD-System) her zu erkennen.

b)  Beide Rechner müssen entweder den gleichen Code bearbeiten können, oder aber der Code muß auf beiden Rechnern vorhanden sein und vollkommen identisch arbeiten.

c)  Es gibt Konsistenzprobleme für die Daten, die von Moduln beider Rechner benutzt werden.

## 2.4  Großrechner mit CAD-Arbeitsplatz

CAD-Arbeitsplätze, die direkt mit einem größeren Rechner verbunden sind, brauchen in fast allen Fällen einen eigenen Vorrechner (FEP = *Front End Processor*), der die nötige lokale Rechenkapazität erbringt. Diese wird vor allem dann benötigt, wenn ein Bildschirm mit ständiger Bildwiederholung (Abschn. 4.1.2) angeschlossen ist, der keinen eigenen Speicher besitzt, oder wenn die angeschlossene Eingabeperipherie eine eigene schnelle Behandlung erfordert (z.B. Zwischenpuffer bei Tableaus). Lokale „Intelligenz" ist auch dann notwendig, wenn die Entfernung zwischen Rechner und CAD-System oder das Peripheriekonzept des Großrechners eine Kommunikationsprozedur zwischen Rechner und Peripherie notwendig machen.

Neben den reinen Ausgabe- und Eingabegeräten, der Kopplungshardware und eventuell einem lokalen Speicher entfallen für diesen Typ von CAD-Systemen alle weiteren Peripheriekomponenten. Sie sind somit relativ billig zu realisieren, sofern man davon ausgeht, daß der Großrechner bereits vorhanden ist, und man nur die Anschaffungskosten je CAD-Arbeitsplatz betrachtet. Ein kritischer Punkt dieser Systeme ist (Abschn. 2.3) die Verbindung zum Hauptrechner. Hohe Datenraten beschränken hierbei heute noch die maximal zulässige Entfernung zwischen Hauptrechner und CAD-Arbeitsplatz. Neuere DFÜ-Techniken (Abschn. 3.6) und preisgünstige DFÜ-Netze dürften hier in den kommenden Jahren Abhilfe schaffen.

# 3 Der Rechner und seine Peripherie

Leistungsfähigkeit, Antwortzeiten, Benutzerfreundlichkeit und Datensicherheit eines CAD-Systems werden nicht nur durch die CAD-spezifische Peripherie eines Rechnersystems bestimmt, sondern zumindest in gleichem Maße von Art, Umfang und Leistungsfähigkeit der anderen Komponenten des Systems sowie von der Software.

Ein Rechnersystem läßt sich in folgende Funktionsgruppen unterteilen:

- Zentraleinheit mit

  - Logisch-Arithmetischer Einheit (CPU)
  - Adreßumsetzung (*Memory Management Unit*)
  - Bussteuerung
  - Gleitkommarechenwerk
  - direkter Ein-Ausgabelogik (Kanal)

- Speicherperipherie

  - Hauptspeicher
  - schneller Hintergrundspeicher (Festkopfplatten, Festplatten, Wechselplatten)
  - langsamer Hintergrundspeicher (Magnetband, Floppy-Disk, Magnetkassetten)

- Papierperipherie

  - Zeichen- und Zeilendrucker
  - Kartenleser und Kartenstanzer
  - Lochstreifenleser und Lochstreifenstanzer

- Dialogperipherie

  - Dialogstationen

- DFÜ-Komponenten

- Anwendungsspezifische Peripheriekomponenten

  - Prozeßperipherie
  - CAD-spezifische Peripherie

Über die einzelnen Komponenten sollen hier nur die für einen Überblick notwendigen Daten und Fakten gegeben und im wesentlichen die für ein CAD-System wichtigen Eigenschaften betont werden.

## 3.1 Zentraleinheiten

Die *Zentraleinheit* oder *CPU* (*Central Processor Unit*) ist das Herz eines jeden Rechnersystems. Von der Geschwindigkeit, der Wortbreite und der Ausbaumöglichkeit her lassen sich die Zentraleinheiten unterteilen in *Mikro-, Mini-, Midi-* und *Großrechner* sowie in *Spezialrechner* (z.B. Feldrechner). Die genaue Abgrenzung zwischen den einzelnen Klassen sind dabei selten eindeutig, sondern fließend. Vor allem neuere Mikroprozessoren mit Wortbreiten von 16 Bit und 32 Bit durchbrechen diese Einteilung.

### 3.1.1 Mikrorechner

Zu den *Mikrorechnern* gehören in der Regel jene Zentraleinheiten, die aus 1 oder 2 IC-Chips (*Integrated Circuit*) bestehen und eine Wortbreite von 8 Bit und neuerdings auch 16 Bit und 32 Bit besitzen. Ihre Bearbeitungsgeschwindigkeit liegt typisch zwischen 50–300 KOPS (*Kilo Operations per Second*). Der maximale Hauptspeicherausbau der 8 Bit Systeme (z.B. Intel 8080, Zilog Z80, Motorola M6802) liegt in der Regel bei 64K Byte, der der älteren 16 Bit Systeme (z.B. DEC PDP-11, Mikro-Nova) bei 128K–512K Byte, und die der neueren 16 Bit und 32 Bit Systeme (z.B. Z8000, M68000, Intel 8086) bei 1–16 Megabyte.

Im CAD-Bereich finden die 8 Bit Mikrosysteme nur in der Peripherie wie Plotter, Plattenkontroller und Terminals Verwendung, wobei sie dazu dienen, diese Geräte mit „Intelligenz" auszustatten. Ein so ausgerüstetes Terminal (Dialogstation) besitzt dann z.B. lokale Editiermöglichkeiten. Ein Plotter mit „lokaler Intelligenz" kann mit Vektorbefehlen anstatt mit Inkrementalwerten beschickt werden. Sie tragen somit dazu bei, den Wirtsrechner zu entlasten.

Daneben sind einige 8 Bit Rechner heute noch in kleineren Textverarbeitungssystemen zu finden. Die 8 Bit Systeme dürften jedoch in den nächsten Jahren in weiten Bereichen durch die leistungsfähigeren (schnelleren, größer ausbaubaren) 16 Bit und 32 Bit Mikros ersetzt werden. Neben der besseren Leistung der neuen Systeme ist deren erweiterter Instruktionssatz (z.B. Multiplikation und Division, Basisregisteradressierung) und damit ihre bessere Programmierbarkeit (auf Assemblerebene) sowie der größere Adreßraum (Möglichkeit größerer Programme ohne spezielle Überlagerungstechniken) ausschlaggebend. Von der Verarbeitungsgeschwindigkeit, vom Instruktionssatz sowie von der Ausbaubarkeit (Adreßraum) her sind die neueren 16 Bit und 32 Bit Systeme durchaus in der Lage, für CAD als Hauptrechner zu fungieren, allerdings sprechen folgende Faktoren gegen ihren Einsatz in den nächsten 2–3 Jahren:

- Produktionsschwierigkeiten (z.B. anfänglich beim ZILOG 8000 durch geringe Ausbeuten)
- fehlende unterstützende Hardware (z.B. *Memory Management Chips*, DMA Chips)
- fehlende Software (leistungsfähige Betriebssysteme)
- fehlende äquivalente preiswerte Peripherie.

Lediglich in Textverarbeitungssystemen, welche keine ausgefeilten Betriebssysteme voraussetzen, ist hier ein breiterer Einsatz etwa ab 1982 zu erwarten. Erst in den Jahren 1983–1985 dürften sich die bis dahin sehr preiswerten 16 Bit und 32 Bit Mikros der neuen Generation in kleineren und mittleren CAD-Systemen durchsetzen. Obwohl der Chip-Preis der Mikrorechner sehr niedrig liegt (z.B. unter DM 20 bei einigen 8 Bit CPUs), kostet die komplette Zentraleinheit (mit BUS-Buffern, Takteinheiten usw.) zwischen DM 500 (8 Bit Systeme) und DM 5000 (16 Bit CPU).

### 3.1.2 Minirechner

Während früher im Bereich der *Minirechner* Zentraleinheiten mit 12 Bit, 16 Bit, 18 Bit, 21 Bit und 22 Bit anzutreffen waren, haben sich heute 16 Bit Zentraleinheiten durchgesetzt. Als typische Minirechner lassen sich Systeme wie HP 1000, DEC PDP-11, NOVA, TI 9900, Prime 350 aufführen. Ihre Rechenleistung liegt zwischen 150–400 KOPS. In Zukunft dürften auch hier verstärkt 32 Bit breite Prozessoren zu finden sein.

Einige dieser Systeme waren als Prozeßrechner konzipiert, finden heute jedoch darüber hinaus breite Verwendung in technisch-wissenschaftlichen Bereichen und in kleineren kommerziellen Konfigurationen. Diese mikroprogrammierten Systeme (d.h. ihr Instruktionssatz läßt sich durch Austauschen des Mikroprogrammspeichers verändern oder durch weitere Mikroprogramme in zusätzlichem Speicher erweitern) erlauben einen typischen Maximalausbau von 64K Byte bis 1M Byte und können damit in der Regel mehr physikalischen Speicher besitzen als die einzelnen Programme ansprechen können. Die Ausnutzung des Speichers wird hierbei durch die quasiparallele Abarbeitung mehrerer Programme (Prozesse) erreicht. Die Abbildung geschieht durch eine *Memory Management Unit*, welche die „virtuelle" Adresse eines Programmes in eine physikalische Adresse, d.h. den Zugriff auf eine reale Speicherzelle umsetzt. Ein häufiges Problem dieser Rechnergeneration ist die Beschränkung der physikalischen Programmgröße eines einzelnen Programms auf 64K Byte oder 64K Worte. Da für komplexere Berechnungen und umfangreichere Datenstrukturen, insbesondere bei graphischen Anwendungen und Berechnungen nach der Methode der „Finiten Elemente", diese Größe häufig nicht ausreicht, werden bei solchen Programmen sogenannte „Overlay-Techniken" verwendet. Hierzu wird das Programm in Moduln zerlegt. Bei der Programmausführung kann man davon ausgehen, daß zu einem festen Zeitpunkt immer nur ein Teil der Moduln aktuell benötigt wird. Diese werden vom Hintergrundspeicher (in der Regel Magnetplatte) eingelagert und, falls sie nicht mehr benötigt werden, durch die dann benötigten Moduln überlagert.

Das Überlagern reduziert die Arbeitsgeschwindigkeit des Programms, da das Einlesen der Überlagerungsmoduln von den im Vergleich zum Hauptspeicher langsamen Platten relativ viel Zeit in Anspruch nimmt (ca. 50–60ms/Modul). Darüberhinaus erfordert das Überlagern eine Strukturierung des Programmes, welche nicht in allen Fällen mit anderen Strukturierungsprinzipien verträglich ist. Overlay-Techniken erlauben hauptsächlich den Instruktionsbereich des Programmes zu erweitern; der Datenadreßraum ist damit immer noch beschränkt. Hierdurch ist die Leistungsgrenze und der Einsatzbereich dieser Rechner vorgegeben. Neu auf dem Markt erscheinende Systeme dieser Art stellen in der Regel die kompaktere Version eines älteren Modells mit einem verbesserten Preis-Leistungsverhältnis dar (z.B. DEC LSI-11/23).

Bis heute ist der beschriebene Minirechner der typische CAD-Rechner, entweder als Hauptrechner für in sich abgeschlossene CAD-Systeme ( Stand-Alone Systeme) oder als Satellit an einem Großrechner zur Aufbereitung der graphischen Ein- und Ausgaben. Die Zentraleinheit solcher Systeme kostet allein zwischen DM 15000–40000.

### 3.1.3 Midirechner

In der mittleren Datentechnik (**MDT**) findet man heute als *Midirechner* neben einigen 16 Bit Systemen (z.B. der HP 3000-Serie) hauptsächlich 32 Bit Systeme (z.B. Prime 650, DEC VAX-11/780) mit einem typischen Maximalausbau von 2M–8M Byte virtuellem Speicher und einer typischen Rechenleistung von 300–1000 KOPS. „Virtuell" besagt, das dem Programm ein „beliebig" großer ( 4M–16M Byte) Adreßraum zur Verfügung steht, auch wenn das System real nicht soviel Hauptspeicher besitzt. Für das Programm nicht direkt sichtbar, wird diesem, mit Hilfe einer Adreßumsetzlogik und von Magnetplatten als Hintergrundspeicher, der große Adreßraum simuliert. Der Vorteil der Systeme liegt darin, daß der Programmierer sich nicht mit der Speicherbeschränkung zu befassen braucht, wobei das Rechnersystem dafür sorgt, daß sich die aktuell benötigten Instruktions- und Datenmoduln des Programmes im realen Hauptspeicher befinden.

Sinkende Hardwarepreise dürften diesen Rechnertyp in den kommenden 2–3 Jahren so preiswert machen, daß er für gehobene CAD-Ansprüche als Standardrechner eingesetzt wird. Die Zentraleinheiten solcher Systeme liegen heute im Preisbereich von DM 80000–200000.

### 3.1.4 Großrechner

*Großrechner* besitzen eine Wortbreite von 32 Bit bis 64 Bit und lassen sich typisch bis zu 8 oder 32 Megabyte ausbauen. Ihre hohe Rechenleistung resultiert aus der sehr schnellen Logik der CPU, optimierenden CPU-Architekturen wie *Pipeling*, breiten Datenwegen (bis 128 Byte pro Zugriff), Parallelarbeit (getrenntes Gleitkommarechenwerk, Mikroprozessorsysteme) und großen Pufferspeichern 4–32K Byte). Sie erbringen typische Leistungen von 500–5000 KOPS.

Einem von Grosch (Knight, 1968) in den 50er Jahren aufgestellten Gesetz zufolge nimmt die Leistung eines Rechnersystems im Quadrat seiner Kosten zu. Dies heißt, daß das Preis-Leistungsverhältnis bei größeren und damit teureren Rechnern besser als bei kleineren Systemen ist. Diese Aussage ist vor allem bei kommerziellen Systemen und dort hauptsächlich für die Stapelverarbeitung (*Closed Shop Batch-Betrieb*) zutreffend.

Vorteile des Großrechners liegen in:

– seiner hohen Rechengeschwindigkeit
– seinem großen Hauptspeicher (und damit weniger Ein- und Auslagerung von
  Programmteilen)

– der Möglichkeit der effizienten Nutzung von Hochleistungsperipherie wie Schnelldrucker, Magnetbandstationen, Kartenleser und Kartenstanzer, sowie sehr großen Hintergrundspeichersystemen.

Für den im CAD-Bereich relevanteren Dialogbetrieb gelten das Grosch'sche Gesetz und die genannten Vorteile nur bedingt. Der Aufwand in Dialogsystemen, der notwendig ist, um trotz schwer vorhersagbarem Bedarf an Betriebsmitteln wie Hauptspeicher und Hintergrundspeicher eine optimale Maschinenausnutzung zu erreichen, um ausreichend Schutz der Benutzer gegeneinander zu gewähren, der Verwaltungsaufwand für Abrechnungszwecke sowie die notwendigen ständigen Prozeßumschaltungen reduzieren deutlich Effizienz und Vorteile des Großrechners. Vor allem sind bei Großrechnerdialogsystemen durch schnell wachsende Belastung des Rechnersystems und nur in größeren Inkrementen erfolgendem Ausbau der Systeme häufig unbefriedigend lange Antwortzeiten zu beobachten. Dies ist fast immer dann zu erwarten, wenn neben dem Dialog gleichzeitig Stapelverarbeitung auf dem Rechner betrieben wird.

## 3.2 Die Speicherhierarchie

Die Speicher eines Rechnersystems bilden eine Art Hierarchie, bei der der schnellste und kleinste Speicher als oberstes Glied und die langsameren und größeren Speicher als untere Glieder betrachtet werden können. Die zu verarbeitende Information durchläuft zumindest teilweise diese Hierarchie ein- oder mehrmals, wobei versucht wird, die häufiger benutzte Information (Daten) (zumindest zeitweise) höher in der Hierarchie zu halten. Da die in der Hierarchie weiter oben liegenden Speichersysteme in der Regel nicht in der Lage sind, alle benötigte Information gleichzeitig zu halten, ist dafür ein Verdrängungsprozess notwendig. Er wird in den oberen Schichten üblicherweise durch Programme (das Anwendungsprogramm, das Betriebssystem), in den langsamen Ebenen zumeist durch die Benutzer gesteuert. Die Tabelle 3.1 gibt eine Übersicht zu den Preis-Geschwindigkeits-Größen-Relationen dieser Ordnung. Bei den austauschbaren Speichermedien ist dabei der Preis des Datenträgers (z.B. der des Magnetbandes) eingesetzt und nicht der des ganzen Systems (z.B. des Magnetbandlaufwerks).

### 3.2.1 Der Hauptspeicher

Als *Hauptspeicher* wird jener Speicher eines Rechnersystems bezeichnet, auf den die CPU direkt und somit am schnellsten zugreifen kann. Alle Daten und Programme, die sich nicht im Hauptspeicher, sondern auf dem sogenannten *Hintergrundspeicher* befinden, müssen zur Bearbeitung zunächst in den Hauptspeicher transportiert werden. Charakteristika eines Speichers sind

– Zugriffszeiten
– Packungsdichte
– Leistungsverbrauch und
– Flüchtigkeit (die Information geht bei einer Spannungsabschaltung verloren).

Tabelle 3.1. Kapazitäts-Zugriffszeit-Übersicht zur Speicherhierarchie

| Speicherart | Mittlere Zugriffszeit (ca.) | Speicherkapazität in Byte | Preis in Pf pro Byte, ca. |
|---|---|---|---|
| Register | 10  –   20 ns | 8   –   2 k | 200 |
| Pufferspeicher (Cache) | 100  – 300 ns | 1   –  64 k | 100 |
| Hauptspeicher | 300  –1000 ns | 64 k –   32 M | 2 |
| CCD-Speicher Blasenspeicher Bulk-Core | 5 µs–   2 ms | 0,5 –   5 M | 1 |
| Festkopf-Magnetplatte | 5  –   25 ms | 5   –  50 M | 0,5 |
| Winchesterplatte | 50  – 200 ms | 5   – 300 M | 0,85 |
| Magnetplatte | 30  –   70 ms | 5   –1000 M | 0,002/0,05* |
| Floppy-Disk | 90  – 500 ms | 0,1 –   2,4 M | 0,001/0,5* |
| Magnetkassette | 5  –   20 s | 0,24–  75 M | 0,0005/0,01* |
| Magnetband | 0,5 –  15 Min. (+Auflegen) | 4   –  60 M | 0,0001/0,04* |

* Preis des Datenträgers/Preis des Datenträgers + Preis des Gerätes umgelegt auf 1 Datenträger

## Darüber hinaus unterscheidet man zwischen

– einem Speicher, der beliebig oft beschrieben und wieder gelesen werden kann, dem sog. RAM (**R**andom **A**ccess **M**emory)
– Speicher, der nur einmal beschrieben (programmiert) wird und auf den danach nur noch lesend zugegriffen werden kann, dem sog. ROM (**R**ead **O**nly **M**emory) und
– Speicher, auf den in der Regel nur lesend zugegriffen wird, der jedoch mehrmals beschrieben und wieder gelöscht werden kann, dem sog. PROM (**P**rogrammable **R**ead **O**nly **M**emory).

ROM und PROM werden für Programmteile und Daten benutzt, die sich nur sehr selten oder nie ändern und finden in größerem Umfang heute hauptsächlich bei Mikros Verwendung, wenn diese eine einzelne feste Aufgabe haben. Bei größeren Rechnern sind ROM-Speicher in der Regel nur als Mikroprogrammspeicher und als *Bootstrap-Loader* anzutreffen. Dies ist ein permanent geladenes Programmstück, das das eigentliche Betriebssystem von der Peripherie (Magnetplatte, Magnetband, Floppy-Disk) in den Hauptspeicher liest und startet.

Als RAM-Hauptspeicher finden heute hauptsächlich 3 Arten Verwendung:

– Kernspeicher mit Zykluszeiten von 600 Nanosekunden bis 1.2 Mikrosekunden und der Eigenschaft, „nicht flüchtig" zu sein
– MOS-Speicher mit einer gegenüber dem Kernspeicher wesentlich erhöhten Packungsdichte (heute 64K Bit/IC) und Zykluszeiten von 200–600 Nanosekunden (flüchtig)
– Bipolarspeicher mit Zykluszeiten von 30–200 Nanosekunden (flüchtig, relativ teuer).

Da die Herstellung des Kernspeichers immer noch einen hohen Grad an manueller Tätigkeit erfordert, sowie weitgehend seine Grenzen bezüglich Packungsdichte und Leistungsverbrauch erreicht hat, ist er heute bereits weitgehend vom preiswerteren MOS-Speicher abgelöst. Er findet seiner Eigenschaft wegen, die Information über einen Spannungsausfall hinweg zu erhalten, heute noch Verwendung in Umgebungen, wo es häufiger zu solchen Spannungsausfällen kommt. Bipolare Speicher werden heute neben Spezialanwendungen vorwiegend für schnellen Pufferspeicher (*Cache-Speicher*) eingesetzt.

Von den neueren Speichertechnologien wie CCD-Speichern, Blasenspeichern, optischen Speichern und Magnetdrahtspeichern werden bisher nur sehr vereinzelte Modelle kommerziell angeboten. Nur der Blasenspeicher mit Zugriffszeiten von ca. 500 Mikrosekunden scheint hier in den kommenden 3–5 Jahren eine Chance zu besitzen und zwar als neue Speicherhierarchiestufe zwischen dem schnellen Hauptspeicher (800 Nanosekunden Zugriffszeit) und den weitaus langsameren Platten (40 ms Zugriffszeit) bzw. als Ersatz für Festkopfplatten (15 ms Zugriffszeit).

Die seit Jahren anhaltende Tendenz, die Speicherkapazität pro IC alle 2 Jahre bei etwa gleichbleibendem Preis zu vervierfachen, dürfte noch einige Jahre anhalten und 1984 zu Preisen von ca. DM 5000–10000 pro Megabyte führen.


### 3.2.2 Schneller Hintergrundspeicher

Waren bis vor kurzem nur die sehr teuren Festkopfplatten (bei denen für jede Spur ein eigener Lese-Schreibkopf vorhanden ist) mit einer mittleren Zugriffszeit von 10–20 ms und Magnetwechselplatten mit mittleren Zugriffszeiten von 35–70 ms als schnelle Hintergrundspeicher verfügbar, so deutet sich hier ein wenn auch bis 1982 noch nicht vollzogener Wandel an. Neue Technologien wie CCD-Speicher (*Charged Coupled Devices*), Magnetblasenspeicher (*Bubble Memory*) und langsamer MOS-Speicher (*Bulk Core*) mit Zugriffszeiten von 1 Mikrosekunde (MOS) bis 2 ms (CCD) dürften hier in den Jahren 1983–1984 zum Einsatz kommen. Noch sind jedoch die Stückzahlen zu gering und die Preise zu hoch, als daß diese Speicher auf breiter Basis die Magnetplatten verdrängen könnten. So dürfte sich ihr Einsatz in den nächsten Jahren auf Hochleistungssysteme und auf den Einsatz als *Paging Devices* (d.h. als schnelle Hintergrundspeicher zur Simulation des „virtuellen" großen Adreßraums) beschränken.

Neben der *mittleren Zugriffszeit* ist die *Speicherkapazität* das zweite wesentliche Merkmal eines Speichersystems. Während die Zugriffszeiten der Magnetplattensysteme sich in den letzten Jahren nur knapp um den Faktor 2 verbesserten (von typisch 70 ms auf ca. 38 ms für große Wechselplattensysteme) und eine wesentliche Verkürzung mit der verwendeten Technologie nicht zu erwarten ist, stieg die Speicherkapazität der angebotenen Systeme beträchtlich. War bis 1976 noch eine Kapazität von ca. 50 Megabyte bei Großrechnern der Standard, so werden heute bereits Systeme mit einer Kapazität von mehr als 1 Gigabyte pro Laufwerk angeboten. Diese Kapazitätssteigerung, die sich noch fortsetzen dürfte, erfolgt bei etwa gleichbleibendem Preis für ein Laufwerk. Vor allem bei den für CAD typischen Klein- und MDT-Rechnersystemen (**M**ittlere **D**aten **T**echnik) setzen sich Laufwerke mit 80–300 Megabyte durch. Der Preis solcher Systeme beträgt DM 20 000–80 000 je Laufwerk und DM 15 000–25 000 für die Steuereinheit. Eine Steuereinheit kann typisch 4–8 Plattenlaufwerke bedienen. Der Preis für Laufwerke und Steuereinheiten, welche an Großrechnersysteme angeschlossen werden sollen, liegt um den Faktor 1.5–2 höher! Eine Verdopplung der heute angebotenen Kapazität (bei gleichem Preis) dürfte bis 1983 möglich sein. Der Preis der Platten (-stapel) selbst ist abhängig von der Kapazität der Platte und liegt zwischen ca. DM 250 für Platten mit 2.5–5 Megabyte und DM 1 500 für einen Plattenstapel mit 80–160 Megabyte.

Am unteren Ende der schnellen Hintergrundspeicher werden ab Mitte 1982 preiswert sogenannte *Winchester Drives* auf dem Markt angeboten werden. Es handelt sich dabei um Magnetplattenlaufwerke mit fest eingebauter Platte ( bzw. Plattenstapel). Ihre Kapazität liegt bei 12–160 Megabyte und ihre mittleren Zugriffszeiten bei 80–150 ms bei Low-Cost, 30–60 ms bei teureren Modellen. Interessant an ihnen ist ihr niedriger Preis, der ca. bei DM 10 000 für ein 12 Megabyte-System und DM 25 000 für ein 80 Megabyte-System liegen dürfte. Ihr Preis-Leistungsverhältnis macht sie für den Einsatz in Mikro- und Minirechnersystemen und damit auch in kleineren CAD-Systemen interessant. Ein Problem ihres Einsatzes liegt in der Datensicherung, falls sich an dem Rechnersystem kein anderes, etwa gleichgroßes entfernbares Speichermedium wie ein Magnetband oder Wechselplattenlaufwerk befindet. An sehr einfachen, schnellen und billigen Magnetband- und Magnetkassettensystemen, sogenannten *Streamer*-Geräten, wird noch konstruiert. Sie werden nicht kompatibel zu den Standardmagnetbändern sein, sondern sollen nur als schnelles adäquates Sicherungsmedium für Magnetplatten dienen. Mit ihrem Erscheinen auf dem Markt ist in etwa ab Ende 1983 zu rechnen.

### 3.2.3 Langsamer Hintergrundspeicher

Als langsame Hintergrundspeicher sollen hier Magnetband-, Magnetkassetten- und Floppy-Disk-Systeme verstanden werden. Während eine Floppy-Disk Zugriffszeiten von 0.1 Sekunden erlaubt, liegen bei den Kassetten und Magnetbandgeräten Zugriffszeiten im Minutenbereich.

### 3.2.3.1 Floppy-Disk Systeme

Unter *Floppy-Disk* oder *Flexible-Disk* wird im Gegensatz zur „normalen" Magnetplatte (oder auch *Hard-Disk*) eine kleine, flexible, mit einer Magnetschicht versehene Platte verstanden. Von der Zugriffszeit her liegen Floppy-Disk Systeme zwischen der Hard-Disk und dem Magnetband und bieten als wichtigen Vorteil gegenüber Magnetband und Magnetkassette einen wahlfreien Zugriff (im Gegensatz zum sequentiellen Zugriff). Ihr Einsatz ist sehr vom Rechnersystem und der Anwendung abhängig. So wird die Floppy-Disk in Mikrorechnersystemen als schneller Hintergrundspeicher eingesetzt, während sie in größeren Systemen überwiegend als privater Benutzerdatenträger und als Lochkartenersatz anzutreffen ist.

Von den im Hobby-Rechner Bereich (*Personal Computing*) zu findenden Mikro-Floppy-Systemen mit einem Plattendurchmesser von 5 1/4 Inch abgesehen, sind heute 8 Inch der Standard. Die Kapazität einer solchen flexiblen Platte liegt zwischen 250K Byte für eine Diskette mit einfacher Schreibdichte und einer Schreibseite und 2.4 Megabyte für eine Diskette mit 4-facher Schreibdichte und doppelseitigem Lese-Schreibkopf. Die mittleren Zugriffszeiten liegen bei 100–500 ms, der Preis der Systeme geht von DM 3 000–8 000 je Laufwerk und ca. DM 4 00–8 000 je Steuereinheit, wobei diese 4–8 Laufwerke bedienen kann. Der Medienpreis der Platte ist mit DM 8–20 recht gering. Floppy-Disk-Systeme mit höherer Kapazität, kürzerer Zugriffszeit und geringerem Preis sind in den kommenden Jahren zu erwarten. Ab 1981 werden auch sehr kleine Systeme mit 3 Zoll Floppy-Disketten auf dem Markt angeboten werden.

### 3.2.3.2 Magnetbandsysteme

*Magnetband* und *Magnetkassette* bilden, sieht man von Lochkarten und Lochstreifen ab, das langsamste Glied der Speicherhierarchie, zugleich auch das Glied der geringsten Kosten pro Speichereinheit. Kenndaten von Magnetband- und Magnetkassettensystemen sind Aufzeichnungsverfahren, Aufzeichnungsdichte, Aufzeichnungsgeschwindigkeit, Spurzahl und Techniken der Mechanik wie Bandpufferverfahren (Hebelarme, Vakuum) und Einfädelungsverfahren (von Hand, automatisch).

Ältere Standards mit Aufzeichnungsdichten von 200 bpi (**B**it **p**er **I**nch), 556 bpi, und 7-Spur-Anlagen sind fast vollständig verschwunden. Heute sind als Standard 3 Typen mit 9 Spuren zu finden:

- 800 bpi mit dem NRZ-Aufzeichnungsverfahren (NRZ = **N**on **R**eturn **t**o **Z**ero)
- 1600 bpi mit dem PE-Aufzeichnungsverfahren (PE = **P**hase **E**ncoding)
- 6250 bpi mit dem GCR-Aufzeichnungsverfahren (GCR = **G**roup **C**oded **R**ecording).

Die Aufzeichnungsgeschwindigkeit wird in „ips" (**I**nch **p**er **S**econd) angegeben und liegt bei 12.5–45 ips für Hebelarm- und bis zu 200 ips bei schnellen Vakuumsystemen.

Einige Magnetbandsysteme sind zwischen 2 Aufzeichnungsdichten und -Verfahren umschaltbar (800 bpi NRZ und 1600 bpi PE oder 1600 bpi PE und 6250 bpi GCR). Die Speicherkapazität eines Bandes ist abhängig von der Schreibdichte, dem Blockungsfaktor (Größe der physikalisch zusammenhängenden Informationsblöcke) und Bandlänge. Sie variiert zwischen ca. 3.5 Megabyte für ein (2400 Feet-) langes Band, kleinere Blockgrößen ( 80 Byte) und 800 bpi und ca. 54 Megabyte für ein 2400 Feet Band, 6250 bpi und großen Blöcken (4K Byte).

Der Preis der Systeme variiert entsprechend der Aufzeichnungsgeschwindigkeit und der Mechanik sowie der Rechnergröße zwischen ca. DM 25 000 für ein Hebelarmsystem mit 800 bpi und 45 ips bestehend aus Laufwerk, Formatierer und Steuereinheit (für ein Minirechnersystem) und ca. DM 90 000 für ein Vakuum-Laufwerk mit automatischer Bandeinführung mit 6250 bpi und 200 ips an einem Großrechnersystem.

### 3.2.3.3 Magnetkassettensysteme

*Magnetkassetten*, im Aufbau ähnlich den Musikkassetten, sind in zahlreichen, fast für jeden größeren Rechnerhersteller eigenen Formaten anzutreffen, wobei sich jedoch zwei Formate als Quasi-Standard hervorheben. Dies ist zum einen die von der Firma Philips entwickelte kleine Billigkassette, in Form und Aufbau (nicht jedoch vom Bandmaterial) identisch zur Standardmusikkassette und eine etwas größere mit integrierter Führung versehene Kassette der Firma 3M (Scotch). Ebenso wie bei den Magnetband-Systemen sind hier unterschiedliche Aufzeichnungsverfahren (NRZ, PE, GCR) und Aufzeichnungsdichten anzutreffen. Während die kleinere Philipskassette mit einer Speicherkapazität von ca. 256K Byte pro Kassette in der Regel nur in kleinen Rechnersystemen als privater Datenträger des Benutzers eingesetzt wird, dürfte sich die zuverlässigere 3M-Kassette mit Speicherkapazitäten bis zu 75M Byte (3M HCD-75 Kassette) (Digital Design, 1979) auch in größeren Systemen durchsetzen. Mit ihrer Kapazität ist sie als Sicherungsmedium für Floppy-Disk Systeme und Winchester-Drive Systeme geeignet.

## 3.3 Papierperipherie

Zur Papierperipherie gehören als Eingabegeräte Lochkarten- und Lochstreifenleser und als Ausgabegeräte Lochkarten- und Lochstreifenstanzer, Drucker und druckende Dialogstationen.

### 3.3.1 Lochstreifenleser und Lochstreifenstanzer

*Lochstreifenleser* und *Lochstreifenstanzer* sind aus der Peripheriepalette fast verschwunden und nur noch für spezielle Anwendungen wie z.B. bei externer Meßdatenerfassung anzutreffen. Sie wurden durch Floppy-Disk und Magnetkassetten ersetzt. Die Leistung der Leser lag zwischen 10 Zeichen/s bei den Teletype-Geräten und ca. 400 Zeichen/s für schnelle Leser. Die in älteren Geräten übliche mechanische oder kapazitive Abtastung der Lochstreifen erfolgt heute bei wesentlich geringerer Störanfälligkeit optisch. Die Leistung der angebotenen Lochstreifenstanzer liegt bei 10–100 Zeichen/s.

In CAD-Systemen werden Lochstreifen teilweise für die Steuerungsausgabe von NC-Maschinen (**N**umeric **C**ontrolled **M**achines) eingesetzt.

### 3.3.2 Lochkartenleser und Lochkartenstanzer

Neben einer Reihe kleinerer Formate für spezielle Anwendungen stellt die 80-spaltige Lochkarte heute den Standard dar. Die Leistung der *Lochkartenleser* variiert zwischen 100–800 Karten/min, die der Stanzer von 20–300 Karten/min.

Bedingt durch den relativ hohen Preis der Lochkarten (0.25–0.5 Pfg/Karte), der Leser (DM 20000–60000), der Stanzer (DM 30000–80000), wegen der durch die

Mechanik bedingte Störanfälligkeit der Geräte sowie ihres großen Volumens und Gewichtes, werden Lochkarten heute allmählich durch Speichermedien wie Magnetband, Magnetkassette und Floppy-Disk abgelöst. Ihr immer noch unbestrittener Vorteil liegt in ihrer Sicherheit gegenüber versehentlicher Zerstörung (z.B. durch Magnetfelder, Langzeitlagerung) und in ihrer Portabilität.


### 3.3.3 Drucker

Der *Drucker* stellt eines der ältesten und wichtigsten Ausgabegeräte dar. Entsprechend groß ist die Leistungs- und Funktionsvielfalt der angebotenen Geräte. Von der *Druckgeschwindigkeit* her unterscheidet man zwischen *Zeichendruckern* mit Druckleistungen von 30–180 Zeichen/s (entsprechend 15–120 Zeilen/min) und *Zeilendruckern* mit Leistungen von 100–20000 Zeilen/min. Neben der Druckleistung sind *Zeilenbreite* und *Zeichensatz* wichtige Kenndaten eines Druckers. Als Zeilenbreite sind heute 80–132 Zeichen pro Zeile, bei einigen Modellen auch 156 Zeichen anzutreffen, wobei vor allem bei den schnelleren Druckern die Breite von 132 Zeichen dominiert. Der anzutreffende Zeichensatzumfang reicht von 48 Zeichen (Großbuchstaben, Ziffern, wenige Kontrollzeichen) über 64 (Standard für Drukker mit Großbuchstaben) bis zu 96 Zeichen (für Drucker mit Groß- und Kleinbuchstaben, Ziffern und einem umfangreicheren Sonderzeichensatz). Entsprechend dem unterschiedlichen Bedarf ist auch die Vielfalt der angebotenen Zeichensätze und Schrifttypen (z.B. englischer Zeichensatz, deutscher Zeichensatz mit Umlauten, französischer Zeichensatz, arabischer Zeichensatz).

Neben anderen Kriterien unterscheidet man *Impact*-Drucker und *Non-Impact*-Drucker. Beim *Impact*-Drucker entsteht das Zeichen beim schnellen Drucker durch den Anschlag eines magnetisch angetriebenen Hammers oder bei Zeichendruckern durch den Anschlag eines Kugelkopfes bzw. einer Zeichenwalze. Beim Non-Impact-Drucker wird das Zeichen aus mehreren Teilen zusammengesetzt.

Eine mögliche Methode ist hierbei das Matrixverfahren, wobei die Zeichen aus einer Matrix von Punkten zusammengesetzt werden. Punktmatrizen von $5 \times 7$ bis $15 \times 12$ Elementen je Zeichen sind hier üblich. Der Vorteil des Matrixverfahrens liegt darin, daß der Zeichensatz relativ einfach geändert werden kann und der Umfang des Zeichensatzes nicht wie bei den Impact-Druckern Einfluß auf die Druckgeschwindigkeit hat (von Unterlängen abgesehen). Für die Matrixelemente sind die unterschiedlichsten Mechaniken und Techniken wie Schwinghammerkamm, magnetisch angetriebene Nadeln, Tintendüsen, thermische Nadeln und elektrostatisch arbeitende Matrizen sowie breite Kämme von nebeneinanderliegenden Punkten und auch Druckköpfe anzutreffen, die sich horizontal zum Papier bewegen. Eine gute Übersicht der unterschiedlichen Prinzipien ist in (Hofer, 1980) gegeben.

Die Tabelle 3.2 ist teilweise Dawes(1979) entnommen und gibt eine grobe Übersicht der unterschiedlichen Druckertypen.

Tabelle 3.2. Übersicht zu den Druckverfahren

| Druck-verfahren | Druck-geschwin-digkeit | Druck-qualität | Zuver-lässigkeit | Druck-material | Farbe | Grau-stufen | Kopien möglich | Kosten der Anlage in TDM | Kosten der Druckseite in Pf | Bewertung |
|---|---|---|---|---|---|---|---|---|---|---|
| *Impact-Verfahren:* | | | | | | | | | | |
| Zylinderkopf | 10 Z/s | schwach | schwach | (Rolle, Z-Faltpap.) | schwarz | nein | ja | 1 – 2 | 3 | laut |
| Kugelkopf | 10–20 Z/s | sehr gut | schwach | (Einzelblatt, Z-Faltpap.) | schwarz rot | nein | ja | 2 – 4 | 3 | Kopf leicht austauschbar |
| Typenrad (Daisy Wheel) | 20–60 Z/s | gut | mittel | Einzelblatt Z-Faltpap. | schwarz | nein | ja | 6 – 9 | 3 | Korres-pondenz-qualität |
| Banddrucker | 300–2000 ZL/min | gut | gut | Z-Faltpap. | schwarz | nein | ja | 15 – 100 | 3 | |
| Ketten-drucker | 400–2000 ZL/min | aus-reichend | gut | Z-Faltpap. | schwarz | nein | ja | 15 – 130 | 3 | |
| Walzen-drucker (Trommel-drucker) | 400–2000 ZL/min | aus-reichend | gut | Z-Faltpap. | schwarz | nein | ja | 30 – 150 | 3 | |
| *Non-Impact-Verfahren:* | | | | | | | | | | |
| Nadel-Matrix (mecha-nisch) | 30– 600 Z/s | mittel/ gut | mittel | Z-Faltpap. Einzel-blatt | schwarz (4 Farben über 4 Farb-bänder) | nein | ja | 2,5– 20 | 3 | |
| Kamm-Matrix (mechanisch) | 100–500 ZL/min | mittel | gut | Z-Faltpap. | schwarz | nein | ja | 15 – 25 | 3 | |
| Tintenstrahl | 90–270 Z/s | gut | braucht regel-mäßige Pflege | gutes Druck-papier | schwarz, 4-farbig, Misch-farben | nein | nein | 25 – 50 | 3 | leise |

| Thermo | 30 Z/s– 480 ZL/min | gut | gut | thermisch sensitives Papier | schwarz | nein | nein | 2 – 15 | 10 | leise |
|---|---|---|---|---|---|---|---|---|---|---|
| Metall- papier | 10–50 Z/s | schlecht | aus- reichend | metallisier- tes Papier | schwarz/ silber | nein | nein | 1 – 3 | 15 | veraltet |
| Elektro- statisch | 500–18 000 ZL/min | gut | sehr gut | Spezial- papier | schwarz | bedingt (über Punkt- dichte) | nein | 12 – 100 | 12 | leise |
| Laser | bis 22 000 ZL/min | gut | ständige Wartung | gutes Druck- papier | schwarz | nein | nein | 500 –1400 | 3 | leise |

ZL/min = Zeilen pro Minute
Z/s = Zeilen pro Sekunde

## 3.4 DFÜ-Peripherie

Unter *DFÜ-Peripherie* sollen hier alle jene Geräte verstanden werden, welche für die Datenfernübertragung vom Rechnerbenutzer beschafft oder gemietet werden müssen. Wird DFÜ über öffentliche Netze durchgeführt, so braucht sich der Benutzer der Rechenanlage in der Regel nicht um die Soft- und Hardwarekomponenten dieser Netze zu kümmern, solange er sich an den vom Netz vorgegebenen Standard hält. In der Bundesrepublik Deutschland werden diese Netze allein von der Bundespost unterhalten und die Anschlußgeräte an das Netz (Modems, akustische Koppler) dem Benutzer vermietet.

DFÜ-Komponenten sind jedoch außer für Datennetze auch dann notwendig, wenn Peripherie weiter vom Rechner entfernt aufgestellt ist. Die maximal zulässige Entfernung zwischen Rechner und Peripheriegerät ist vom Rechner, von der Übertragungsart und Übertragungsgeschwindigkeit und von Art und lokaler Rechenkapazität des Peripheriegerätes abhängig. Als Anhaltspunkt läßt sich zur Übertragung ohne Verwendung spezieller DFÜ-Komponenten für schnelle parallele Übertragung 15 Meter als maximale Entfernung und für die bitserielle Übertragung ca. 150 Meter angeben. Bei größeren Abständen muß entweder erheblicher technischer Aufwand getrieben werden, um eine fehlerfreie Übertragung zu garantieren, oder aber DFÜ-Komponenten eingesetzt werden.

Bei der Datenfernübertragung durchläuft die zu übertragende Information eine Reihe logisch und physikalisch unterscheidbarer Ebenen. Das ISO-Architekturmodell für „offene Kommunikationssysteme" unterscheidet dabei 7 solcher Ebenen. Die Abb. 3.1 gibt die Schichten dieses Modells wieder. In den meisten heutigen Rechnernetzen sind dabei nur die Ebenen 1–3 vom Rechner und Betriebssystem unabhängig implementiert, die oberen Ebenen 4–7 vom Rechner, Betriebssystem und Anwendungen abhängig realisiert. Es sind zwar für diese Schichten auch starke Normierungsversuche im Gange (z.B. durch die PIX-Arbeitsgruppe (Pilot-Komplex-Datenkommunikation)), eine endgültige Normierung ist jedoch heute noch nicht abzusehen.

In der *physikalischen Ebene* (*Physical Layer*) werden die physikalischen Schnittstellenbedingungen wie Art, Anzahl der notwendigen Signalleitungen sowie Höhe und Niveaus der Spannungs- und Strompegel festgelegt. Für diese gibt es eine Reihe von Empfehlungen und Normen wie z.B. die CCITT-Normen der Post wie V.24 und V.25 für analoge Netze, X.21 und X.21BIS für digitale Netze.

Mit der *Übermittlungsebene* (*Link Layer*) wird über die fehleranfällige (durch Störungen auf den Leitungen) physikalische Ebene eine fehlererkennende und fehlerkorrigierende Ebene gelegt. In ihr wird ein Protokoll für die Übermittlung zwischen zwei Dateneinrichtungen festgeschrieben. In dieser Schicht sind Angaben über das Synchronisationsverfahren (asynchron, synchron), über die Art der Fehlerprüfungen (horizontale Quersumme, longitudinale Quersumme usw.), der Aufbau eines elementaren Nachrichtenblocks sowie der Ablauf der Sicherungsprozedur festgelegt. Auf dieser Schicht sind Prozedurdefinitionen wie HDCL, SDLC, BSC, DIN 66019 anzutreffen.

In der *Paketebene* wird der Aufbau, die Pufferung und die Reihenfolge von Nachrichtenpaketen festgelegt. Dies ist zugleich die bisher höchste der in der Norm X.25 definierten Ebenen. Alle höheren Ebenen sind Netzwerk-, Rechner- und applikationsspezifisch.

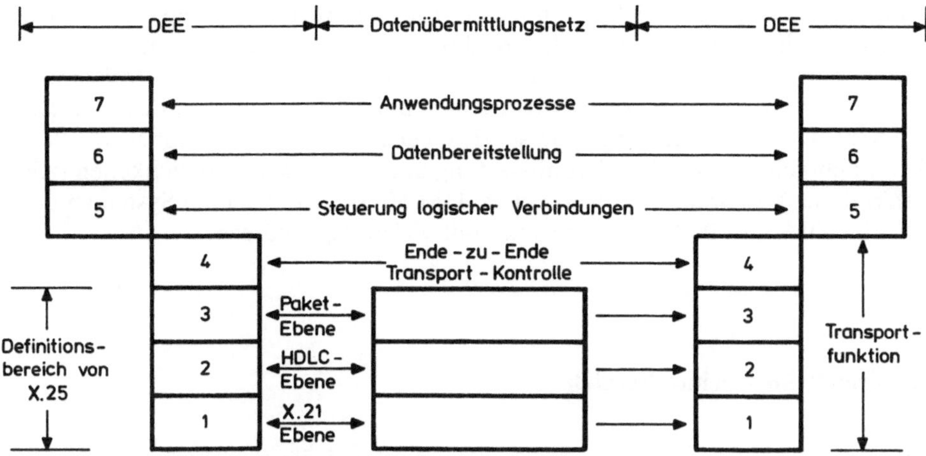



Abb. 3.1. Schematische Darstellung der Hierarchie von Datenübermittlungsprotokollen nach dem Architekturmodell für „offene Kommunikationssysteme" der ISO

Die Schicht 1 (physikalische Ebene) muß immer durch Hardware realisiert werden. Die dazu benötigte Schnittstelle wird auch als „Anschaltung" oder „Puffer" bezeichnet. Sie realisiert aber auch eine untere Schicht der Übermittlungsebene (die hier nicht getrennt aufgeführt wird), wozu das Senden und Empfangen von Zeichen oder Zeichenblöcken gehört. Bei neueren Schnittstellen sind Parameter wie Synchronisationsart (synchron und asynchron), Art und Anzahl der Informations-, Stop- und Parity-Bits, Übertragungsgeschwindigkeit und Synchronisationszeichen (bei Synchron-Betrieb) über Schalter oder sogar per Software steuerbar. Der Preis der Schnittstelle ist abhängig von der Art, der Geschwindigkeit und den zusätzlichen Möglichkeiten (wie z.B. Zeichen- oder Blockübertragung). Er reicht von DM 500–15000.

Bei längeren Leitungen sowie bei der Benutzung von Postleitungen (und dies ist notwendig, sobald eine Verbindung über eine öffentliche Straße geführt wird) müssen die digitalen Signale in analoge Signale umgesetzt werden, laufen (u.U. über mehrere Konvertierungen) analog im Netz und werden dann vor der Gegenstation wieder in digitale Signale zurückgewandelt. Dies geschieht durch Modems. Diese sind im Falle der Benutzung einer Postleitung von der Post zu mieten. Die Modem-Miet-Kosten sind geschwindigkeitsabhängig und liegen bei ca. DM 300 monatlich für ein Modem mit einer Transferrate von 2400–4800 Baud, zuzüglich der üblichen Übertragungsgebühren.

Die Schicht 2 (Prozedur-Ebene) wurde bisher durch Software entweder im Rechner selbst oder aber bei größeren Systemen in einem Vorrechner realisiert. Der Preisverfall und die Leistungssteigerung der Mikroprozessoren erlauben es heute, diese Schicht durch Mikroprozessoren ausführen zu lassen. Dies ist besonders bei höheren Transferraten und bei komplizierteren Prozeduren notwendig. Hierdurch wird die Belastung des Rechners stark reduziert. Solche Schaltungen werden auch als „intelligente Anschaltungen" bezeichnet. Die Entwicklung der IC-Technik geht heute so weit, daß inzwischen selbst die Mikroprozessor-Schaltungen durch ein oder wenige IC's ersetzt werden können. Der Preis solcher intelligenten Schnittstellen liegt bei DM 6000–20000.

Eigene Vorrechner sind heute nur bei größeren Rechnersystemen zu finden, werden jedoch wegen der dadurch erreichbaren Rechnerentlastung und Funktionstrennung bald auch in Midi- und Mini-Systemen in Form von mit Mikrorechnern bestückten Ein- und Ausgabebausteinen anzutreffen sein. Bei den Vorrechnern handelt es sich in der Regel um speziell hierfür entworfene Rechner. Ihr Preis wird wesentlich von der Speicherausstattung und den Ausbaumöglichkeiten (z.B. Pufferrahmen) bestimmt und liegt bei ca. DM 50 000 bei kleineren Systemen und reicht bis DM 150 000 für Großrechner mit vielen Anschlüssen.

## 3.5 Trends im Rechnerbereich

In den nächsten 3–5 Jahren setzen sich folgende Trends im Rechnerbereich für die Hardware fort bzw. zeichnen sich neu ab:

- höhere Integration von IC-Bauteilen (kompaktere Rechner)
- größere Rechenleistung bei konstantem Preis
- höhere Parallelität (Mehrprozessorsysteme)
- breitere Datenpfade
- größerer Speicher (Haupt- und Hintergrundspeicher)
- mehr „verteilte Intelligenz".

Hieraus resultiert ein günstigeres Preis-Leistungsverhältnis in der Weise, daß zum gleichen Preis mehr Leistung erhältlich ist bzw. daß eine vorgegebene Leistung zu einem niedrigeren Preis erhältlich sein wird. Dieses Preis-Leistungsverhältnis verbesserte sich in den vergangenen Jahren etwa um den Faktor 1.3 pro Jahr. Dieser Preisverfall ist für Speicher und CPU größer, für die Peripherie mit größerem Mechanikanteil (z.B. Drucker) deutlich geringer.

Obwohl für die ständig wachsende Integration von mehr und mehr Funktionen je IC bereits technische und theoretische Grenzen abzusehen sind, lassen die heute in den Labors vorhandenen Muster eine Fortsetzung der steigenden Funktionsintegration für die kommenden fünf Jahre erwarten. Danach wird man nach neuen Technologien für Speicher- und CPU-Bausteine suchen müssen. Anfänge hierzu wurden z.B. bei IBM mit Bauteilen gemacht, die nach dem *Jefferson'schen Prinzip* funktionieren und im Tieftemperaturbereich arbeiten.

Durch die höhere Integration wird nicht nur eine größere Packungsdichte und damit kleinere Rechner- und Peripheriesysteme erreicht, sondern auch ein geringerer Leistungsverbrauch der Komponenten. Dies reduziert Unterhaltskosten, erhöht die Lebensdauer und wird die Abhängigkeit auch größerer Rechner von einer Klimaanlage aufheben. Das Fehlen von Klimaanlage und starker Ventilation führt darüberhinaus zu einer Reduzierung des Geräuschpegels eines Rechnersystems. Die Erzielung höherer Rechenleistung ist auf eine Reihe von Gründen zurückzuführen. Diese sind:

a)  kürzere Schaltzeiten durch neue Techniken und höhere Packungsdichte (kürzere Laufzeiten)

·b)  aufwendigere CPU-Architektur (*Pipelining*)

c)  größere Parallelisierung (selbständiger E/A-Prozessor, selbständiges Gleitkommarechenwerk)

d)   schnellere Speicher (Mikrospeicher, Pufferspeicher)
e)   weniger Zugriffe auf den Hauptspeicher durch breitere Datenpfade.

Der Trend zu breiteren Datenpfaden (zumindest CPU-intern) und aufwendigerer
Architektur macht sich vor allem bei den Midi-, Mini- und Mikrorechnersystemen
stark bemerkbar, so daß heute bereits moderne Minirechner von der CPU-Lei-
stung her die Leistung von mittleren Großrechnern, die 4–5 Jahre alt sind, erreichen.

Die überaus rasch fallenden Speicherpreise (etwa jährlich um den Faktor 2) erlauben es heute (und in verstärktem Maße in den kommenden Jahren), den Rechner großzügig (im Vergleich zu den letzten zehn Jahren) mit Hauptspeicher auszustatten. So werden bis etwa 1983 Mikrorechnersysteme mit 1–2 Megabyte, Minirechner mit 2–4 Megabyte, Midirechner mit 4–8 Megabyte und Großrechner mit
8–32 Megabyte üblich sein. Hierdurch dürften eine Reihe der Probleme heutiger
Rechner (Programmgrößenbeschränkung, *Thrashing* durch dauerndes Ein- und
Auslagern) aufgehoben werden. *Thrashing* bedeutet, daß ein Rechner allein durch
seine interne Verwaltung ausgelastet ist und nicht mehr dazu kommt, Rechenleistung nach außen abzugeben.

Neben dem Hauptspeicher werden jedoch Speicherbausteine auch in der Peripherie extensiv eingesetzt werden. Hierdurch kann eine bessere Pufferung und damit Parallelarbeit erreicht werden.

Größere Hintergrundspeicher, vor allem in Form von schnellem Zwischenspei-
cher (zwischen Hauptspeicher und Magnetplatten) und von Magnetplatten sehr
großer Kapazität (mehr als 1 Gigabyte), werden den Datenzugriff beschleunigen
helfen und das heute noch übliche ständige Wechseln des Datenträgers (wie Magnetband, Floppy-Disk, privaten Magnetplatten) reduzieren. Allerdings ist zu be-
fürchten, daß die genannten Verbesserungen durch den sehr stark wachsenden Da-
ten-(Informations-) Umfang aufgehoben werden.

Während bis vor kurzem die „Intelligenz" des Rechners (d.h. die Fähigkeit, logische und arithmetische Operationen auszuführen) hauptsächlich in der CPU
konzentriert war und diese neben der reinen Programmausführung auch Aufgaben
wie Ein- und Ausgabe und Gerätesteuerung durchführte, findet in neueren Rechnersystemen eine immer stärkere Aufgabenteilung statt. Neben der logisch-arith-
metischen Einheit sind hier eigene Prozessoren für Ein- und Ausgabe und für
schnelle Gleitkommaberechnungen vorhanden. In der Peripherie selbst ist dann
wiederum Logik in Form von Mikroprozessoren anzutreffen. Dies führt durch
Parallelarbeit zu einer höheren Gesamtleistung des Systems und zu einer höheren
Funktionalität (größere Sicherheit, weniger Ausfall, mehr Komfort) der Peripherie. Dies wird u.a. sehr stark in der CAD-(Dialog)-Peripherie sichtbar.

Experimentelle Systeme gehen sogar so weit, jedem Benutzer in einem Netz eine
eigene CPU zur Verfügung zu stellen. Kleinere und mittelgroße Programme können darin lokal gerechnet werden. Große (speicheraufwendige, sehr rechenintensi-
ve) Programme laufen auf einem zentralen Rechner ab. Dieser stellt auch die notwendige teure Peripherie (große Hintergrundspeicher, Schnelldrucker, usw.) zur
Verfügung. Es darf damit gerechnet werden, daß sich für den Dialogverkehr Systeme dieser Art in 4–5 Jahren durchsetzen werden. Mit relativ geringen Kosten (für
Kauf oder Miete des kleinen lokalen Systems) und Anschlußkosten an ein Netz ist
man dann in der Lage, sowohl kleinere und mittlere Berechnungen (lokal) durchzuführen als auch bei Bedarf auf einen leistungsstarken zentralen Rechner zuzugreifen.

# 4 Dialogperipherie – CAD-Peripherie

Unter *Dialog* soll hier die Kommunikation zwischen Mensch und Maschine mit einer kurzen, im Sekunden- oder höchstens Minutenbereich liegenden Rückkopplung (Antwort) verstanden werden. Diese Kommunikation geschieht heute für den Menschen primär visuell über Texte und Bilder (Zeichnungen, Diagramme). Einige Versuche der akustischen Kommunikation sind heute bereits im Einsatz. Da aber der dabei verwendete Wortschatz noch sehr beschränkt, und ein für jeden Benutzer spezifisches Training des Rechners notwendig ist, wird die Sprachausgabe (vom Rechner) und die Spracheingabe (vom Menschen) nur wenig und im CAD-Bereich so gut wie gar nicht eingesetzt.

Die Ausgabe des Rechners kann so geschehen, daß sie permanent erhalten bleibt. Man spricht dann auch von einer *Hardcopy-Ausgabe* (z.B. Drucken auf Papier, Belichten auf Film, Zeichnen auf Papier oder Folie). Erfolgt die Darstellung nur temporär, so geschieht sie auf einem Sichtgerät.

Die im CAD-Bereich verwendeten *Hardcopy-Geräte* haben den Nachteil, daß sie entweder relativ langsam sind (z.B. druckende Dialogstationen mit 30–100 Zeichen/s, Plotter mit 10–50 cm/s Zeichengeschwindigkeit) oder aber eine längere Verarbeitungszeit in Anspruch nehmen (Sortierläufe bei Printer-Plottern, Filmentwicklung bei Mikrofilmgeräten) und somit hemmend auf den Dialog wirken. Darüberhinaus sind Anschaffung und ihr Verbrauchsmaterial (Film, Papier, Zeichenstift) erheblich teurer als ein Sichtgerät äquivalenter Leistung (sieht man von der Größenbeschränkung der Sichtgeräte ab). Dies und der stark fallende Preis der Sichtgeräte in den letzten Jahren führt zu dem fast ausschließlichen Einsatz von diesen im schnellen Dialog, während die Hardcopy-Geräte für die zweite Phase des CAD-Arbeitens, d.h. für die Dokumentation von Zwischen- und Endergebnissen der Entwurfsphase sowie für das Arbeiten nach der Rechneraktivität verwendet werden.

*Dialogperipherie* läßt sich in Ein- und Ausgabeperipherie unterteilen. Bei vielen Geräten finden wir sowohl Ein- als auch Ausgabemöglichkeiten physikalisch in einem Gerät vereint oder zumindest eng gekoppelt. Da sich die Funktionen und Techniken jedoch stark unterscheiden, sollen sie hier getrennt behandelt werden.

## 4.1 CAD-Ausgabegeräte

Neben einer Klassifizierung der Ausgabegeräte in Sichtgeräte und Hardcopy-Geräte ist auch eine solche in Geräte mit reiner *alphanumerischer* Ausgabe und solche mit zusätzlicher *graphischer* Ausgabe möglich. Bei den *alphanumerischen Ausgabe-*

*geräten* ist zwar Graphik nicht unmöglich, sie beschränkt sich jedoch auf einfache, aus Zeichen bestehenden Kurven und Diagrammen mit sehr geringer Auflösung. Bei den *graphischen Ausgabegeräten* wiederum kann man Geräte unterscheiden, welche ihre Bildinformation aus einem Raster (oder aus einer kleineren Anzahl von Basiselementen in einem Raster) aufbauen, sogenannten *Rastergeräten*, und jenen, die die Bildinformation aus beliebig verlaufenden Vektoren zusammenstellen, den sogenannten *Random-* oder *Vektorgeräten*.

Von der Verwendung her lassen sich die CAD-Ausgabegeräte unterteilen in

– druckende Dialogstationen
– Sichtgeräte
– Plotter.

### 4.1.1 Druckende Dialogstationen

Eine *druckende Dialogstation* besteht aus einer *alphanumerischen Tastatur* und einer *Druckmechanik*. Ähnlich vielfältig, wie die Druckverfahren bei den Druckern anzutreffen sind, werden auch hier unterschiedliche Druckprinzipien verwendet. Früher war hier die langsame Teletype-Station üblich mit 10 Zeichen/s. Heute findet man hier schnellere und leisere Konstruktionen, wobei die mit dem Typenrad (für besonders hohe Druckqualität) und nach dem Matrixprinzip arbeitenden Druckwerke andere Druckverfahren weitgehend ablösen. Ihre Druckleistung liegt bei 30–180 Zeichen/s. Das Matrixverfahren erlaubt es, billig einen großen Zeichensatz zu realisieren, wobei in der nächsten Zeit auch Geräte angeboten werden dürften, welche einen programmierbaren Zeichensatz erlauben, so daß auch mit Zeichen und Symbolen gearbeitet werden kann, die im Standardzeichensatz nicht zu finden sind (z.B. Summen- und Integralzeichen) bzw. deren Zeichensatz sehr einfach an spezielle Anforderungen angepaßt werden kann.

Einige Geräte erlauben es, den Papiervorschub nicht nur um ganze Zeilen vorwärts zu bewegen, sondern auch in kleineren Schritten vor- und zurückzufahren. Darüberhinaus kann der Schreibkopf auch in kleineren Inkrementen horizontal hin und her bewegt werden. Auf diese Weise ist es möglich, einfachere Diagramme durch das Aneinandersetzen von Punkten aufzubauen. Die Auflösung liegt dabei bei ca. 10–20 Punkte/cm. Neuere Geräte sind heute alle mit lokaler „Intelligenz" in Form eines Mikroprozessors ausgestattet. Dieser übernimmt Aufgaben wie den Aufbau der Zeichen aus Matrixpunkten, Druckwerksteuerung, Druckwegoptimierung (Vorwärts- und Rückwärtsdrucken), die Pufferung von Zeilen (und eventuell größeren Blöcken), lokales Zeileneditieren (Löschen des letzten Zeichens, usw.) und eventuell die Abarbeitung von Formatsteuerung und Protokoll zwischen Rechner und Dialogstation.

Die Verbindung zwischen Rechner (Vorrechner) und Dialogstation besteht entweder aus einer seriellen asynchronen oder synchronen Verbindung mit Übertragungsraten von 300–2400 Baud; der 7 Bit ASCII-Code und der 8 Bit EBCDI-Code (IBM) sind die Standard-Übertragungscodes. Der Preis der druckenden Dialogstationen geht von DM 2500–12000. Hierzu ist bei der Beschaffung die Rechnerschnittstelle (von DM 1500–7000) zu berücksichtigen.

### 4.1.2 Sichtgeräte

*Sichtgeräte* haben in den letzten Jahren eine sehr starke Preissenkung erfahren. Sie betrug in etwa zehn Jahren den Faktor 7–10! Diese günstige Kostenentwicklung wurde durch drei Faktoren bestimmt:

a)   höhere Integration elektronischer Funktionen in IC-Bausteinen
b)   stark fallende Speicherpreise
c)   großer Konkurrenzkampf auf dem Sichtgerätemarkt.

Am stärksten wirkte dieser Preisverfall auf nach dem Rasterverfahren arbeitende Sichtgeräte, wesentlich schwächer auf die anderen Typen. Bei ihnen war es mehr die Funktionalität und Leistung, die bei langsam sinkendem Preis stark anstieg.

Klassifiziert man Sichtgeräte nach der Bilderzeugung, so finden wir heute im wesentlichen drei Klassen:

– CRT-Geräte
– Plasmasichtgeräte
– Großprojektionsgeräte.

Hiervon werden heute nur Geräte der ersten beiden Klassen im CAD-Bereich eingesetzt, während Großprojektionsgeräte (heute im wesentlichen mit Laserlicht arbeitend) primär ihrer hohen Kosten wegen nur im militärischen Bereich zu finden sind. Andere Techniken, wie Leuchtdioden-Sichtgeräte oder Geräte mit Flüssigkristallschirmen (LCD = *Liquid Crystal Display*) sind noch so stark im Entwicklungsstadium, daß ihr baldiger Einsatz bei CAD heute nicht absehbar ist.

Neben der Art der Bilderzeugung (CRT, Plasma-Technik usw.) erscheint der Bildaufbau als wichtiges Bildschirmcharakteristikum. Man unterscheidet hierbei zwischen Geräten, welche das Bild aus einzelnen Vektoren aufbauen, und solchen, bei denen das Bild aus einer Rastermatrix besteht. Bei den *Vektorgeräten* ist das Bild aus Linien (auch Strichgraphik genannt) aufgebaut. Flächen müssen hierbei aus einer Folge von dicht nebeneinander liegenden Strichen aufgebaut werden. Bei Vektorgeräten wird die Zeichnung genau in der vom Benutzer oder System vorgegebenen Reihenfolge erstellt. Strichbreiten lassen sich hier entweder durch eine Defokusierung (Unschärfe) oder durch mehrere parallele Linien erreichen. Vektorgeräte haben gegenüber Rastergeräten den Vorteil, daß die einzelnen Linien als Einheit (ohne Treppen oder Absätze) erscheinen. Bei den *Rastergeräten* wird die Bildinformation (soweit sie nicht schon als Raster vorliegt) in das Raster einer Punkt- oder Elementmatrix (mehrere Punkte) zerlegt. Die Rasterzeilen der Matrix werden dann sequentiell von oben beginnend ausgegeben. Dieses Verfahren ist vom Fernsehbildschirm her bekannt.

### 4.1.2.1 CRT-Sichtgeräte

Bei den CRT-Geräten (CRT = *Cathode Ray Tube* = Kathodenstrahlröhre) wird in einer Bildröhre mit einer Elektronenkanone ein Elektronenstrahl erzeugt, durch Hochspannung beschleunigt, elektrostatisch oder elektromagetisch abgelenkt und trifft am vorderen Ende des Bildschirms auf eine Phosphorschicht (Abb. 4.1). Diese wird dort, wo sie von den schnellen Elektronen getroffen wird, zum Leuchten an-

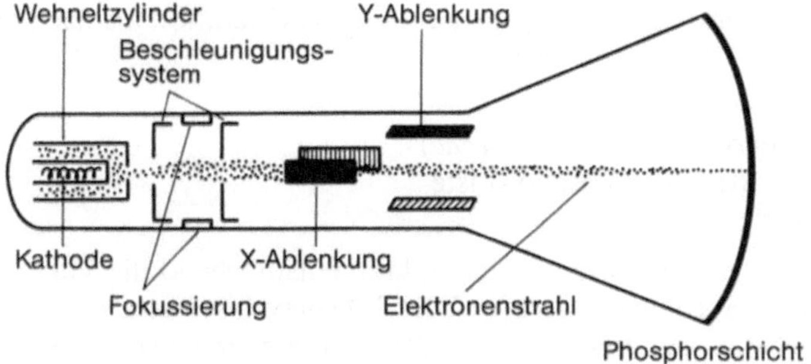


Abb. 4.1. Prinzip der Kathodenstrahlröhre mit elektrostatischer Ablenkung

geregt. Das Leuchten klingt dann langsam ab. Der Elektronenstrahl hinterläßt auf diese Weise auf dem Schirm eine leuchtende Spur. Soll das Bild für das menschliche Auge stabil erscheinen, so ist dieser Zeichenvorgang zyklisch zu wiederholen. Diese Wiederholung wird auch als *Refreshing*, die bildwiederholenden Sichtgeräte als *Refresh-Devices* bezeichnet. Die notwendige Wiederholfrequenz (*Refreshing Rate*) ist abhängig von der Nachleuchtdauer des Phosphors und damit von der Phosphormischung. Sie liegt bei 25–60 Bildwiederholungen pro Sekunde. Ist die zu zeichnende Information umfangreich (d.h. ist die Summe der Strichlänge der hellen und dunklen Vektoren groß), so dauert das „Zeichnen" der Information so lange, daß die Refresh-Periode nicht mehr eingehalten werden kann. Die Bildwiederholrate muß dann sinken und das Bild zeigt ein für den Betrachter unangenehmes Flakkern. Durch einen geeigneten Aufbau der CRT-Röhre kann das Bild aber auch auf dem Schirm gespeichert werden, d.h. es muß nur einmal gezeichnet werden und bleibt dann stabil stehen. Man spricht bei dieser Art von CRT-Sichtgeräten von *Speichersichtgeräten* oder *Storage Tubes*.

### 4.1.2.1.1 Bildwiederholende CRT-Sichtgeräte

Da die Bildinformation bei den bildwiederholenden Geräten ständig neu gezeichnet wird, muß diese zwischengespeichert werden, so daß das Ausgabegerät ständig neu darauf zugreifen kann. Dies kann auf drei Arten geschehen:

– in Form eines Display-Files
– in Form einer Elementsequenz
– in Form einer Punktmatrix
– in analoger Form auf einer Bildplatte.

Das letztgenannte Verfahren ist dabei heute kaum noch üblich und wird in neueren CAD-Systemen nicht angetroffen.

### Der Display-File

Unter *Display-File* oder *Display-Liste* versteht man eine Folge von Anweisungen an das Ausgabegerät. Diese Anweisungen bestehen aus Steuerkommandos und zugehörigen Daten. Die Steuerkommandos geben an, welche Operation als nächste auszuführen ist. Hier sind z.B. Befehle wie

– schalte in den Vektormodus
– schalte in den Zeichenmodus (*Character Mode*)
– springe an eine andere Stelle der Display-Liste
– beende die Display-Liste

vorzufinden; die zugehörigen Daten spezifizieren dann entsprechend die Vektorkoordinaten, Buchstaben, Sprungadresse usw. Diese Display-Liste ist also einem Computerprogramm sehr ähnlich und muß von dem Ausgabeprozessor (*Display Processor*) des Sichtgerätes interpretiert werden. Die Liste kann dabei im Hauptspeicher des Rechners oder in einem lokalen Speicher des Sichtgerätes liegen. Letzteres hat den Vorteil, daß der zur Bildwiederholung notwendige ständige Zugriff des Display-Prozessors auf die Display-Liste nicht den Bus bzw. Kanal des Rechners hoch belastet und damit dessen Leistung spürbar reduziert. Alle rein alphanumerischen Geräte besitzen diesen lokalen (2–4K Byte großen) Speicher, neuere graphische Sichtgeräte ebenfalls (8–256K Byte).

Da der Zeichenstrahl (Elektronenstrahl) des Gerätes durch Vektorbefehle frei positioniert werden kann, spricht man bei diesem Typ von Sichtgeräten auch von *frei positionierbaren Darstellungsgeräten* (*Random-Drawing-Displays*) oder von *Vektorgeräten*. Die Display-Liste wird hauptsächlich bei bildwiederholenden Vektorgeräten verwendet.

**Die Elementsequenz**

Bei der Elementsequenz liegt ähnlich dem Display-File eine Sequenz von Anweisungen vor, welche von einem Display-Prozessor abgearbeitet wird. Im Gegensatz zum Display-File beschreiben jedoch die Anweisungen das Bildmuster für einen Bereich auf dem Bildschirm. So können hier zwar auch Vektoren vorkommen, anstatt eines Vektorbefehls wird der Vektor jedoch in eine Folge von Grundmustern (kurzen Linienelementen in einem Raster) zerlegt. Der Vektor ist somit nicht eine lineare Kommandosequenz, sondern eine Folge von Bildmustercodes an den entsprechenden Stellen der Elementsequenz. Diese Elementsequenz ist so geordnet, daß eine Muster-Zeile mehrmals durchlaufen wird (einmal pro Strahlzeile). Dieses Verfahren stellt eine Erweiterung des Zeichengenerators (*Character Generator*) dar. Es wird entsprechend nur bei Rastersichtgeräten angewandt.

**Die Punktmatrix**

Die Punktmatrix wird nur bei Rastersichtgeräten verwendet. Das darzustellende Bild wird hier in ein Rasterbild zerlegt und entsprechend in einer Punktmatrix abgespeichert. Der Display-Prozessor liest nun die Zeilen dieser Punktmatrix sequentiell aus und steuert damit die Helligkeit des Zeichenstrahls. Die Anzahl der Graustufen, die im Bild vorkommen können, hängt davon ab, wieviel Bit Information pro Matrixpunkt (*Pixel*) verwendet werden. Wird nur 1 Bit benutzt, so sind nur die Werte hell und dunkel möglich, 2 Bit erlauben 3 Graustufen (und dunkel). Soll auch Farbe möglich sein, so sind entsprechend mehr Informationsbits pro Bildpunkt notwendig.

**CRT-Raster-Sichtgeräte**

Die CRT-Rastersichtgeräte arbeiten nach dem vom Fernseher her bekannten Rasterprinzip. Die darzustellende Information wird dabei in ein Punktraster zerlegt, dessen Punkte von oben links beginnend Punkt für Punkt abgetastet und ausgegeben werden. Die Punktinformation bestimmt dabei, ob der Strahl hell oder dunkel getastet wird (oder einen Zwischenwert erhält). Am Ende einer Punktzeile wird der Zeichenstrahl dunkel getastet und fährt so auf den den Anfang der nächsten Zeile weiter (Abb. 4.2a).

Die Anzahl der Punkte pro Zeile und Zeilen pro Durchlauf bestimmen die Auflösung des Gerätes. Für grobe Graphiken und Diagramme reicht hier eine Auflösung von $128 \times 128$ Punkten. Zumeist sind die Schirme aber nicht quadratisch, sondern haben ein Seitenverhältnis von 2 zu 3 (Höhe zu Breite). Gute Geräte besitzen eine Auflösung von $512 \times 512$ Punkten und Spitzengeräte gehen bis zu $2048 \times 2048$ Punkten.

Neben der Auflösung (d.h. Anzahl der Rasterpunkte) beeinflußt die Anzahl der Informationsbits pro Punkt die notwendige Speichergröße und damit den Preis des Sichtgerätes (siehe auch Punktmatrix). Soll neben Graustufen auch Farbe möglich sein – vorausgesetzt, das Gerät besitzt einen Farbmonitor – so geht die für die Farbe notwendige Information als Faktor ein.

Es gibt heute eine Reihe von Verfahren, um die notwendige Speichergröße klein zu halten und doch viele Farben und Grauwerte zu ermöglichen. Hierbei wird z.B. mit Umsetztabellen (*Colour Look-up Tables*) gearbeitet. Diese erlauben eine große Anzahl wählbarer Farben (oder Grauwerte), wobei jedoch in einem Bild nur eine (durch die Anzahl der Bit pro Punkt) vorgegebene Anzahl von Farben (Grauwerten) zugleich vorkommen kann. Hierbei werden die n Bit/Pixel als Index in der Umsetztabelle verwendet. Aus dieser wird dann die eigentliche Farbe (oder der Grauwert) entnommen. Durch Tabellenumbesetzung kann dabei die Farbe (oder die Grauwerte) des Bildes geändert werden, ohne daß die Graphik neu aufzubauen ist. Dieser Effekt ist zur Hervorhebung bestimmter Objekte oder Bildpartien geeignet. Bei einigen neueren Geräten ist es möglich, das Sichtgerät mit einem Grundausbau zu kaufen und bei Bedarf das Gerät um weitere Speicherebenen zu erweitern, um damit neue Graustufen und oder Farben zu ermöglichen. Das Rasterverfahren erlaubt es sehr einfach, mehrere Bildschichten zu haben und diese durch Addition darzustellen. So kann z.B. der Textspeicher für den Dialog getrennt gehalten und angesteuert werden, so daß Graphik und Texte unabhängig voneinander geändert werden können, ohne daß beim Löschen einzelner Teile Konflikte (aus gemeinsamen Punkten) entstehen, oder auf Wunsch temporär nur Text oder nur Graphik sichtbar sind.

Bei CRT-Raster-Farbsichtgeräten sind heute die vom Farbfernseher her bekannten Lochmasken- oder Schlitzmasken-Bildröhren mit den 3 Elektronenkanonen anzutreffen (Abb. 4.3).

Durch die stark fallenden Speicherpreise können heute auch hochauflösende Rastersichtgeräte ($512 \times 512$–$1024 \times 1024$ Punkte) mit Graustufen und Farbe relativ preisgünstig angeboten werden. Bei weiter fallenden Preisen ist auch bei diesen Sichtgeräten mit weiterer Preissenkung oder höherer Auflösung (mehr Farbe) zu rechnen.

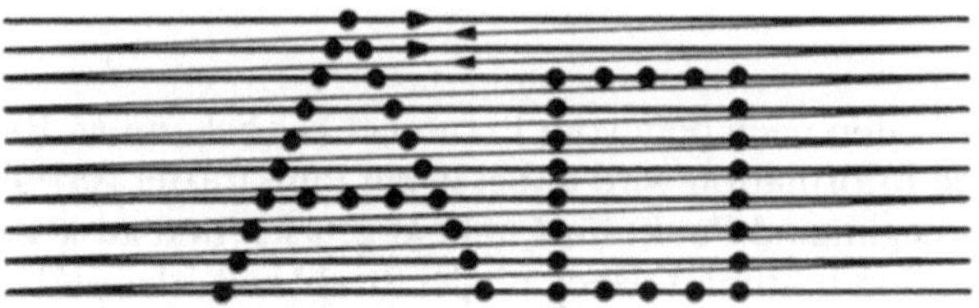

Abb. 4.2a. Aufbau eines Rasterbildes

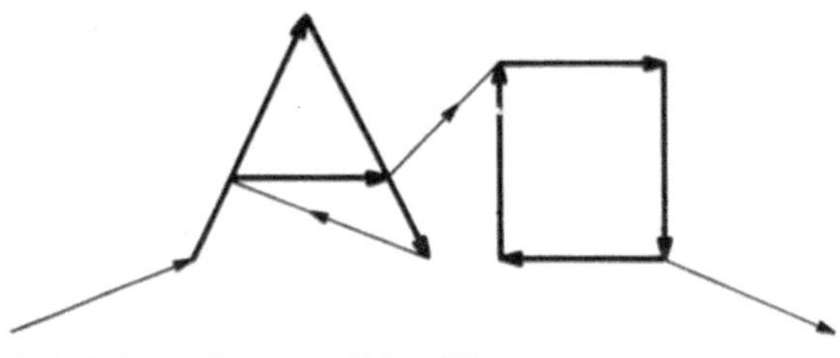

Abb. 4.2b. Aufbau eines Vektorbildes

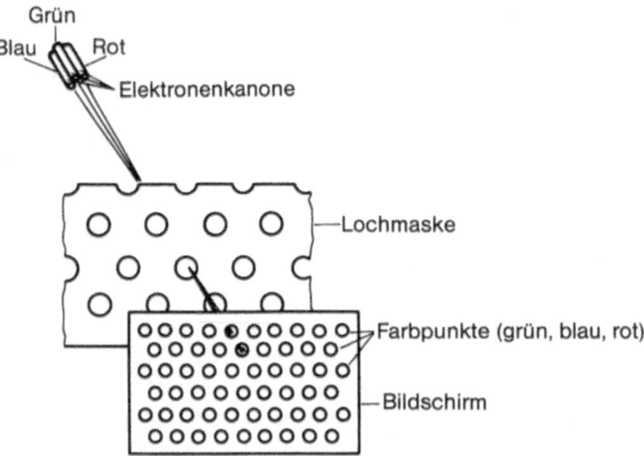


Abb. 4.3. Prinzip der Maskenbildröhre

Die rein alphanumerischen oder einfachen graphischen Rastersichtgeräte besitzen keinen Punktmatrix-Puffer, sondern arbeiten nach dem Prinzip des Zeichengenerators (*Character Generator*). Hierbei werden mehrere Rasterzeilen (7–12) als Zeichen-Zeile aufgefaßt. Innerhalb einer solchen Zeichen-Zeile werden jeweils eine Zeichenbreite (von 5–12 Matrixpunkten) als ein Symbol mit zumeist 7 Bit oder 8 Bit kodiert. Ein solches Zeichen beschreibt dabei dann eine Zeichenmatrix (von $5 \times 7$–$12 \times 15$ Punkten). Der Display-Prozessor arbeitet diese Symbol-Zeilen nun einmal je Vertikalzeile (also 7–12 mal) ab und entnimmt dabei einem Zeichenkodierungsbaustein (ROM, PROM oder RAM) die Bitinformation für die jeweilige Strahlposition. Über besondere Steuerzeichen (Fluchtsymbole) kann dabei der durch die 7 oder 8 Informationsbits beschränkte Zeichensatz erweitert werden. Rastergeräte, welche mit einem solchen Zeichengenerator und der beschriebenen Elementsequenz arbeiten, kommen mit einem wesentlich geringeren Bildwiederholspeicher aus, als solche, welche mit einer Punktmatrixspeicherung arbeiten. Die notwendige Speichergröße liegt hier bei ca. 2K Byte für rein alphanumerische Geräte und 8–32K Byte für Geräte mit graphischen Symbolen. Der Preis rein alphanumerischer Geräte liegt abhängig vom Grad der lokalen Editiermöglichkeiten bei DM 2 500–10 000. Der Preis von Rastersichtgeräten, welche mit Elementsequenzen und graphischen Symbolen arbeiten, liegt bei DM 6 500–25 000; der Preis von Rastergeräten, welche mit einer Punktmatrix arbeiten und eine Auflösung von ca. 256 × 256 Punkten haben, bei DM 6 000–10 000 und kann bis über DM 100 000 reichen für hochauflösende Farb-Rastersichtgeräte.

## CRT-Vektor-Sichtgeräte

Beim Vektorsichtgerät (*Random Drawing Display*) wird das Bild eines Vektors an einem Stück und damit kontinuierlich erzeugt. Die einzelnen Vektoren (Linien) sind frei auf dem Schirm positionierbar. Die Bildelemente werden in der Reihenfolge gezeichnet, wie sie der Benutzer angegeben hat bzw. wie sie in der Display-Liste stehen (Abb. 4.2b). Die Erzeugung eines („guten") Vektors wirft technisch eine Reihe von Problemen auf wie Linearität, Reproduzierbarkeit (Drift), gleichbleibende Helligkeit usw. Der entsprechend notwendige technische Aufwand macht hochwertige Random-Sichtgeräte aus diesem Grunde sehr teuer.

Neben einfachen Vektoren und alphanumerischen Zeichen besitzen einige dieser Vektorsichtgeräte Grundelemente wie Kreise, Kreisbögen, Rechtecke und Parabeln. Daneben erlauben teurere Sichtgeräte die Angabe von Transformationen wie Translation, Rotation, Skalierung vom ganzen Bild oder nur von Bildteilen, die Strukturierung der Display-Liste mit dem Unterprogrammaufruf ähnlichen Teilbildaufrufen, Parametrisierungen der Teilbilder, Attributierung von Bildelementen mit Attribute wie *sichtbar* oder *unsichtbar, blinkend, lichtgriffelsensitiv, Farbe* und *Intensität, Strichart* (durchgehend, punktiert, strichpunktiert und Endpunkte) sowie *Linienbreite* (durch Defokusierung).

Sie erlauben teilweise die Angabe von 3-dimensionalen Koordinaten (Objekten) und gestatten die Projektion der Darstellung festzulegen (z.B. perspektivische Darstellung, Parallelprojektion usw.). Durch eine einfache Änderung der Transformationsparameter können Objekte aus unterschiedlichen Betrachtungswinkeln angeschaut werden, ohne daß eine aufwendige Neuberechnung des Bildes notwendig ist. Die Rotation eines 3-dimensionalen Objektes, welches auf dem 2-dimensionalen Bildschirm dargestellt wird, vermittelt einen stark wirklichkeitsgetreuen Eindruck. Dieser kann durch *Tiefenmodulation* (*Deep Cueing*) erhöht werden. Hierbei wird ein Vektor, welcher in der Display-Liste als 3-dimensional vereinbart ist und, falls er in den Raum (Schirm) hineinläuft, von *vorne* (kleiner Z-Koordinatenwert) nach *hinten* (großer Z-Koordinatenwert) kontinuierlich dunkler.

Der Vorteil der Vektorgeräte gegenüber den Rastersichtgeräten liegt in einem kleineren notwendigen Speicher (abhängig von der Größe der maximal zu zeichnenden Information) der bei 8–64K Byte liegt. Daneben haben die Linien keine Stufen oder Rasterung wie bei den Rastersichtgeräten. Da die Zeichnungselemente noch (in kodierter Form) als Elemente vorliegen, sind diese als gesamte Objekte

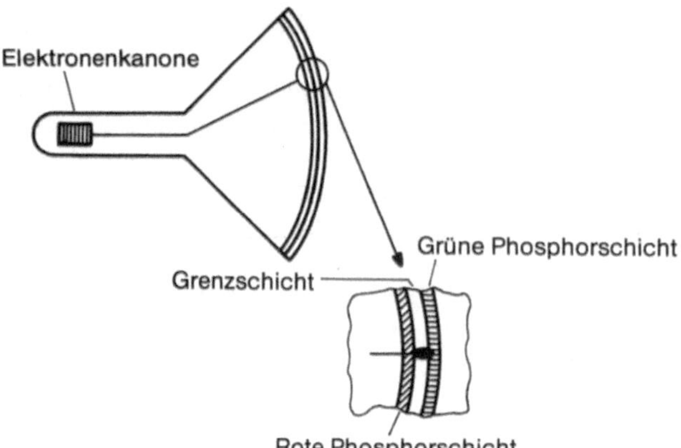


Abb. 4.4. Prinzip der Farbbildröhre nach dem Phosphordurchdringungsverfahren

einfacher manipulierbar. Das Löschen, Transformieren und erneute Attributieren ist wegen der noch ursprünglich vorhandenen Struktur einfach durchzuführen. Dies gilt auch für die Identifikation von Bildteilen mit Hilfe eines Lichtgriffels, während beim Rastersichtgerät ein Objekt nur über seine Position auf dem Schirm erkannt werden kann (bei der graphischen Eingabe).

Bei den CRT-Vektor-Sichtgeräten wurde Farbe bisher fast ausschließlich über das Durchdringungsverfahren (*Phosphor Penetration Tube*) realisiert (Abb. 4.4). Auf der Schirmfläche sind nicht wie üblich eine, sondern drei Phosphorschichten (mit drei unterschiedlichen Farben) aufgetragen. Abhängig von der Elektronengeschwindigkeit werden von den Elektronen die Phosphorschichten durchdrungen und die letzte zum Leuchten angeregt. Zum Umschalten von einer Farbe zur anderen muß die Hochspannung der Elektronenkanone umgeschaltet werden. Die notwendige schnelle Umschaltung bereitet technische Probleme, die erst seit 2–3 Jahren zufriedenstellend gelöst zu sein scheinen. Daneben kostet jede Umschaltung Zeit, was die maximal flackerfrei darstellbare Informationsmenge reduziert. Die Reinheit der Farben ist nur bedingt möglich, und Mischfarben sind nur in einem stark eingeschränkten Umfang erzielbar. Der Preis solcher Farbmonitore liegt 2–3 mal über denen der einfarbigen Sichtgeräte.

Bei einem 1980 auf dem Markt vorgestellten Sichtgerät der Firma Evans-Sutherland wird erstmals ein Farbmaskenbildschirm für ein Random-Sichtgerät vorgestellt. Hiermit kann man wie beim Farb-Rastersichtgerät *beliebige* Mischfarben und Farbhelligkeiten erreichen. Der Preis des Monitors liegt jedoch bei ca. DM 120000.

Neuere Hochleistungs-Random-Sichtgeräte arbeiten die ursprüngliche Display-Liste nicht mehr ständig erneut ab, um sie über die notwendigen Transformationen in analoge Signale (an den Monitor) zu übersetzen, sondern transformieren (mit Hilfe schneller digitaler Prozessoren) die Display-Liste nur einmal. Es werden alle notwendigen Tranformationen, Beschneidungen usw. durchgeführt und eine transformierte Display-Liste intern abgespeichert. Aus dieser (unstrukturierten) linearen Liste wird die Bildwiederholung durchgeführt. Bei Bildänderungen wird die externe Liste erneut in die interne übersetzt. Da beim eigentlichen Refresh-Vorgang die Transformationen entfallen, ist mit diesem Typ von Sichtgerät mehr Information flackerfrei darstellbar. Wenn das Bild geändert wird, erfolgt die Übersetzung von der externen Display-Liste in die interne so schnell, daß es für den Benutzer kaum bemerkbar ist. Weil die interne Display-Liste unstrukturiert ist, geht die einfache direkte Identifizierbarkeit von sichtbaren Elementen auf dem Bildschirm verloren. Sollen Objekte identifiziert werden, so geschieht dies, indem um einen Cursor herum ein Fenster definiert wird und der digitale Display-Prozessor die externe Display-Liste erneut übersetzt. Sobald ein Element oder Teile eines Elementes in das Fenster fallen, wird ein Treffer gemeldet und das Objekt ist identifiziert.

CRT-Vektor-Sichtgeräte werden etwa in den gleichen Bildschirmgrößen wie Speicherbildröhren mit Bildschirmen von 10–21 Zoll (Diagonale) angeboten. Der Preis der CRT-Vektor-Sichtgeräte wird von der Größe des Bildschirms, von der „Intelligenz" des Display-Prozessors und von Optionen wie Farbe und lokalem Speicher bestimmt. Er liegt bei ca. DM 40 000 für kleinere einfarbige Sichtgeräte, bei ca. DM 100 000 für gute (schnelle, große, mit mächtigem Display-Prozessor) Sichtgeräte und kann bis über DM 200 000 für Hochleistungssichtgeräte mit Farbe reichen.

### 4.1.2.1.2 Speicherbildschirmgeräte

Beim *Speicherbildschirm* (*Direct View Storage Tube*) wird die Bildinformation nur einmal geschrieben und bleibt dann ohne ein erneutes Zeichnen auf dem Schirm sichtbar. Dies geschieht wie folgt:

Dicht vor der Phosphorschicht der Kathodenstrahlröhre liegt ein Speichergitter. Dieses Gitter wird zunächst hoch negativ aufgeladen. In diesem Zustand ist kein Bild auf dem Schirm sichtbar. Ein schneller Elektronenstrahl zeichnet nun die Bildinformation. Er schlägt aus dem negativ geladenen Speichergitter Elektronen. An den so beschriebenen Stellen des Gitters fehlt damit das negative Potential, so daß die langsameren Elektronen einer zweiten Elektronenkanone (der Flutelektronenkanone) an diesen Stellen durch das Speichergitter hindurch auf die Phosphorschicht treffen und diese dort zum Leuchten anregen können (Abb. 4.5).

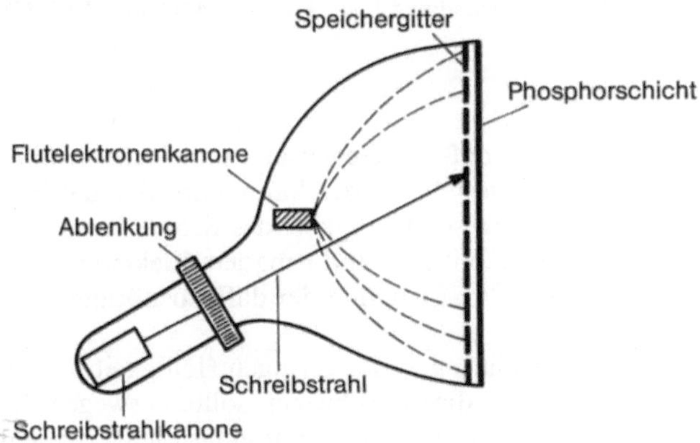


Abb. 4.5. Aufbau eines Speicherbildschirms

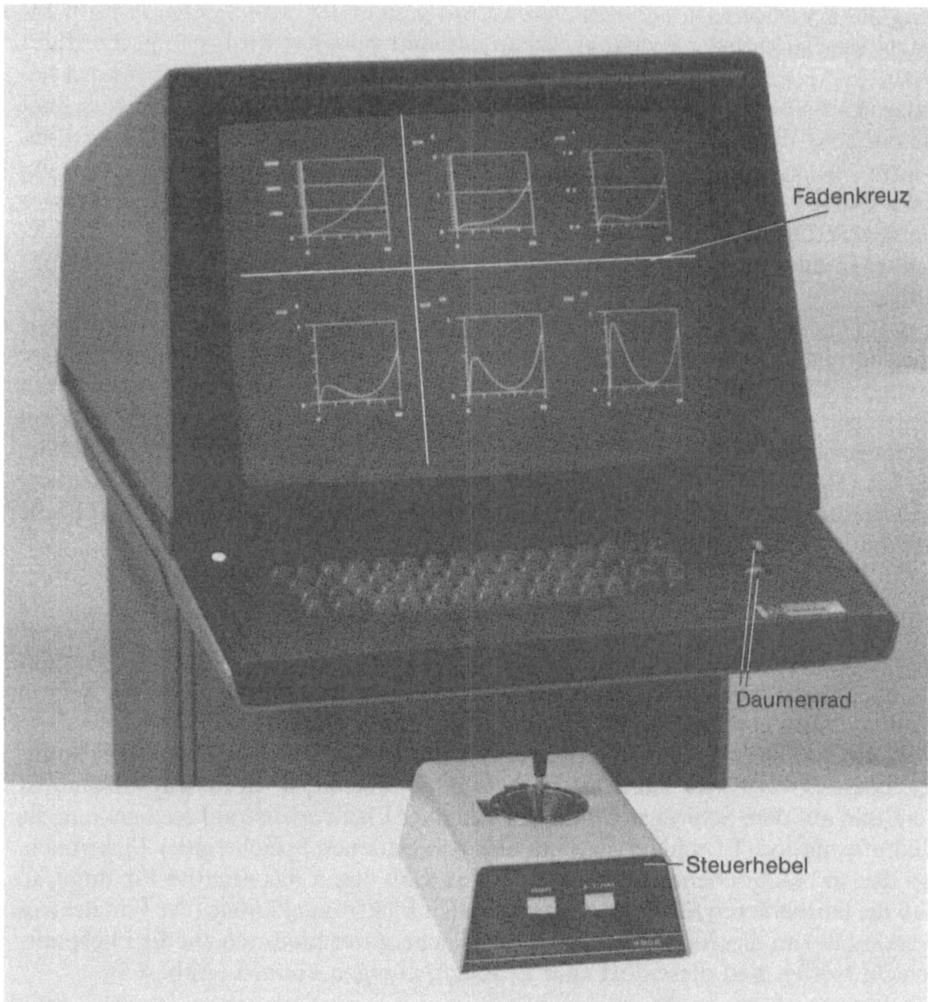


Abb. 4.6. Speicherbildschirm mit Steuerhebel, Daumenrad und Fadenkreuz (TX4014 aus TEKTRO-NIX, 1981)

Der Vorteil dieses Verfahrens ist der, daß im Gegensatz zum Refresh-Bild-schirm beliebig komplexe Information dargestellt werden kann, ohne daß das Bild auf dem Bildschirm flackert. Die Zeichengeschwindigkeit des Schreibstrahls ist nicht kritisch, so daß hier eine langsamere, billigere und genauere Elektronik ein-gesetzt wird. Eine intern gespeicherte Display-Liste und der dafür benötigte Spei-cher kann ebenfalls entfallen.

Die Nachteile des Speicherbildschirms liegen in der geringen Helligkeit und ei-nem geringen Kontrast. Zum Arbeiten mit diesen Schirmen sollte deswegen der Raum abgedunkelt sein oder eine Lichtschutzhaube (gegen direktes Licht) verwen-det werden.

Selektives Löschen einzelner Bildelemente ist bei den heute angebotenen Speicherbildschirmen nicht möglich. Soll Bildinformation gelöscht oder geändert werden, so ist der gesamte Bildschirm zu löschen (negatives Aufladen des Speichergitters) und das Bild neu zu zeichnen. Beim Löschen gibt es einen schwachen Lichtblitz auf dem Schirm, was bei häufigem Löschen für den Betrachter unangenehm sein kann. Das Löschen selbst dauert ca. eine halbe Sekunde.

Neben dem speichernden Schreiben erlaubt der Speicherbildschirm ein nichtspeicherndes Schreiben (*Write Through Mode*). Diese Information muß dann wie bei dem bildwiederholenden Schirm ständig aufgefrischt werden. Wegen der langsameren Elektronik des Speicherbildschirms kann jedoch die so dargestellte Information nicht so umfangreich wie bei den bildwiederholenden Geräten sein. Darüberhinaus unterscheiden sich gespeicherte und wiederholte Information in der Helligkeit. Die Möglichkeit des Refreshing wird zumeist dazu benutzt, um zusätzlich zu dem (komplexen) gespeicherten Bild sich häufig verändernde Information (in geringerem Umfang) darzustellen. Der sich häufig ändernde Dialogtext und das Fadenkreuz (für graphische Eingabe) sind hierfür typische Einsatzbeispiele (Abb. 4.6).

Speicherbildschirmgeräte arbeiten nach dem Vektor-Prinzip (im Gegensatz zum Raster). Da sie die Zeichnungsinformation nur einmal zu erhalten brauchen, werden sie in der Regel seriell (und damit langsamer als Refresh-Geräte) an den Rechner angeschlossen. Ihre interne Logik (Display-Prozessor) ist fast immer deutlich einfacher als bei CRT-Vektor-Sichtgeräten. Sie erlaubt zumeist Zeichen mehrerer Größen, absolute und relative Vektoren, Punkte, sowie unterschiedliche Stricharten und 2 Strichstärken.

Die Auflösung der Speicherbildschirme (d.h. die Anzahl der adressierbaren Punkte) liegt bei 512–4096 Punkte pro Achse, wobei der Schirm jedoch zumeist nicht quadratisch sondern rechteckig ist und so in der X-Achse (vertikale Achse) nur Zweidrittel der adressierbaren Punkte sichtbar sind. Die Größe der angebotenen Speicherbildschirme liegen bei 10–21 Zoll (Bildschirmdiagonale), die Preise bei ca. DM 7000 für einen kleinen Schirm und DM 50000 für einen großen Schirm (er wird auch *JUMBO* genannt). Ein größerer Preisverfall ist bei diesen Schirmen, begründet durch die aufwendige Herstellung der Speicherschirme und durch die Monopolstellung der Firma Tektronix, in nächster Zeit nicht zu erwarten.

### 4.1.2.2 Plasmabildschirme

Beim *Plasmabildschirm* (*Plasma Display*) besteht der Bildschirm aus 3 Glasschichten (Abb. 4.7). Die beiden äußeren Scheiben enthalten orthogonal zueinander verlaufende, transparente Elektroden, die mittlere Scheibe besitzt Zellen, welche mit Gas (Plasma) gefüllt sind. Durch das Anlegen einer entsprechenden Spannung an den beiden Elektroden wird das Gas gezündet und glimmt dann, bis die Spannung zwischen den beiden gegenüberliegenden Elektroden eine bestimmte Löschspannung unterschreitet. An der Elektrodenmatrix des Schirms liegt dabei eine mittlere Spannung, welche geringer als die Zündspannung und höher als die Löschspannung ist. Soll nun ein bestimmtes Matrixelement gezündet werden, so wird für einen kurzen Augenblick auf die entsprechende horizontale und vertikale Elektrode ein höherer Puls gebracht, so daß das Element am Kreuzungspunkt gezündet wird.

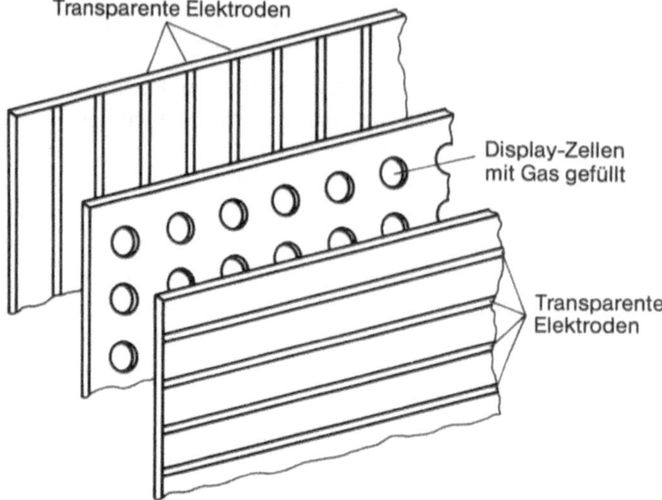


Abb. 4.7. Prinzipieller Aufbau des Plasmabildschirms

Soll ein Punktelement selektiv gelöscht werden, so wird die Spannung an den Elektroden reduziert. Ein Löschen des ganzen Schirms erfolgt durch die Wegnahme der Spannung an allen Elektroden.

Der Vorteil des Plasmaschirm liegt darin, daß die Information gespeichert wird und ein *Refreshing* entfällt. Weiter ist ein selektives Löschen von Bildelementen möglich, ohne daß der gesamte Schirm gelöscht werden muß, wie bei der Speicherröhre. Das Bild weist einen hohen Kontrast auf und ist flackerfrei. Da der Plasmabildschirm transparent aufgebaut werden kann, ist es bei ihm möglich, von hinten weitere Information (in der Regel statisch) z.B. über Diaprojektion einzublenden. Diese Möglichkeit kann beim Arbeiten mit festen Formularen, Landkarten usw. nützlich sein; sie kann auch dazu benutzt werden, mehrere (verschiedenfarbige) Schirme hintereinander zu legen. Ein Nachteile des Plasmaschirms liegt in seiner beschränkten Auflösung mit $512 \times 512$ Bildpunkten. Höher auflösende Schirme ($1024 \times 1024$–$2048 \times 2048$) sind zwar in den Labors schon einige Zeit vorhanden, kommen jedoch wegen Produktionsschwierigkeiten nicht auf den CAD-Markt.

Ein bisher noch nicht zufriedenstellend gelöstes Problem beim Plasmaschirm (wie bei allen Rastergeräten) entsteht beim selektiven Löschen von Bildelementen bei Überschneidungen mit weiterhin sichtbaren Elementen, da der Kreuzungspunkt zweier Linien bzw. alle sich überdeckenden Teile mitgelöscht werden. Dieses Problem kann im allgemeinen Fall nur durch das Halten einer internen Display-Liste gelöst werden, für einen Cursor sind einfacherere Lösungen bereits realisiert.

Obwohl kleinere alphanumerische Plasmabildschirme schon seit mehreren Jahren auf dem Markt sind, ist das Angebot an größeren und graphischen Schirmen bisher noch sehr gering und ihr Preis mit ca. DM 16000 bei einer Auflösung von $512 \times 512$ Punkten relativ hoch. Eine Vorhersage über die Preisentwicklung erscheint hier sehr schwierig und es bleibt abzuwarten, ob der Plasmaschirm nicht durch billige und leistungsfähige Rastersichtgeräte oder durch neuere Techniken wieder vom Markt verdrängt wird.

### 4.1.3 Plotter

Das deutsche Wort *Zeichentisch* stellt nur eine unvollkommene Übersetzung des aus dem Englischen kommenden Begriffs *Plotter* dar. Mit Plotter werden alle jene Geräte bezeichnet, welche eine permanente Graphik (*Hard Copy*) erstellen. Da die Erstellung dieser Graphik in der Regel wesentlich langsamer erfolgt, als der Rechner sie berechnet – aber auch das umgekehrte kann möglich sein – geschieht die Erstellung der Graphik, also die Zeichnung, zumindest bei größeren Plottern *Offline*, d.h. losgelöst vom Rechner. Dieser schreibt die Information auf ein Magnetband, welches dann vom Rechner zeitlich entkoppelt von einer eigenen Kontrolleinheit des Plotters gelesen und interpretiert wird.

Von der Art, der Funktionsweise und dem Aufbau her unterscheidet man 4 Arten von Plottern für den CAD-Bereich:

– Zeichentische (*Flatbed Plotter*)
– Trommelplotter (*Drum Plotter*)
– Printer-Plotter
– Mikrofilmplotter.

Daneben sind in diesen Bereich auch Geräte einzuordnen, welche ein permanentes Bild einer auf einem Sichtgerät vorhandenen Darstellung produzieren (d.h. schnappschußartig das Bild des Schirms auf Papier reproduzieren). Diese Geräte werden häufig als *Hardcopy-Geräte* bezeichnet. Bei den Zeichentischen und Trommelplottern handelt es sich in der Regel um Vektorgeräte, die analog zu den Random-Sichtgeräten die Zeichnung aus Strichen (Vektoren) aufbauen. Die Vektoren werden bei diesen Plottern aus einer Folge von Schritten zusammengesetzt. Bei einfachen Modellen sind diese Schritte Inkremente in x- oder y-Richtung (positiv oder negativ), bei besseren Geräten sind auch Inkremente unter 45 Grad (Diagonale) möglich. Sind diese Schritte fein (klein) genug, so erscheint ein Vektor, obwohl er aus kleinen Treppen besteht (Ausnahme: gerade Linie in x- oder y-Richtung), als durchgehende Linie. Bei einigen neueren Plottern werden die Vektoren mit Hilfe einer elektronischen Integration und durch Linearmotoren direkt, ohne den Umweg über Inkrementschritte erzeugt.

Die Zerlegung eines Vektors in Schrittfolgen und die Ansteuerung der Motoren geschieht in der *Plotter-Kontrolleinheit*. Hier werden die an den Plotter gehenden Befehle interpretiert und in Fahrbefehle, Befehle zum Heben und Senken des Zeichengerätes und zum Transport des Papiers usw. umgewandelt. Billige Mikroprozessoren erlauben es heute, diese Kontrolleinheit preiswert mit entsprechender „Intelligenz" auszustatten, so daß Aufgaben wie die Erzeugung von Zeichen (Buchstaben) aus Vektoren, das Skalieren, Rotieren, Tranformieren, die perspektivische Darstellung, das Abschneiden von über Grenzen hinausgehenden Linien und die Ausgabe von Meldungen an den Operator von ihr übernommen werden können. Dies ermöglicht eine bequemere Programmierung und eine Entlastung des Rechners, auf welchem die Zeichnungen erstellt werden.

Die Auflösung, d.h. der kleinste Schritt dieser Vektorplotter, hängt primär von der verwendeten Mechanik und der gewünschten Zeichengeschwindigkeit ab. Gute Plotter besitzen hier eine Auflösung von 0.05–0.0125 mm, wobei eine Auflösung von 0.1 mm jedoch für die meisten CAD-Anwendungen ausreicht. Die Wiederholgenauigkeit guter Plotter liegt bei 0.1–0.05 mm.

Neben Größe und Genauigkeit hat die Zeichengeschwindigkeit einen erheblichen Einfluß auf den Preis des Plotters. Sie liegt bei 3–10 cm/s für *Low-Cost-Plotter*, bei 10–60 cm/s für mittlere Plotter und bei 60–350 cm/s für mechanisch arbeitende Hochleistungsplotter.

### 4.1.3.1 Zeichentische (*Flatbed Plotter*)

Beim Zeichentisch liegt das Zeichenpapier flach auf dem Tisch des Plotters. Es wird hier entweder durch Klebestreifen am Rand (heute kaum noch üblich), elektrostatisch (bei kleineren Plottern) oder durch eine Saugpumpe (Vakuum) auf dem Tisch eben gehalten.

Über dem Tisch fährt eine Zeichenbrücke, auf der sich der oder die Zeichenstifte befinden. Die Bewegung der ersten Achse wird durch das Fahren der ganzen Brücke erreicht, die Bewegung des Zeichenstiftes in der zweiten Achse durch das Verschieben des Zeichenstiftes auf der Brücke. Die Steuerung der Brücke und des Stiftes auf der Brücke kann über Zahnstangen, Schneckengetriebe, Seilzug oder Bandzug erfolgen. Bei einer Variante schwebt der Zeichenstift (auf einem Metallgestell) und wird elektromagnetisch gefahren. Durch einen Mechanismus (zumeist Elektromagnet) wird der Zeichenstift gehoben und gesenkt (Abb. 4.8).

Statt eines Zeichenstiftes sind auch mehrere (bis zu 8) anzutreffen, welche vom Plotterprogramm angewählt werden. Dies kann dazu benutzt werden, um in einer Zeichnung mehrere Strichstärken oder Farben zu verwenden.

Statt des Zeichenstiftes können bei den teureren Tischplottern auch Werkzeuge wie ein Schneidemesser oder Gravierwerkzeuge eingesetzt oder ein Lichtkopf zum Zeichnen auf Film aufgesetzt werden. Es ist möglich diese Werkzeuge auch (in die Fahrrichtung) zu drehen.

Die Zeichengeschwindigkeit des Plotters hängt von der Geschwindigkeit der Ansteuerelektronik, der Mechanik und dem verwendeten Zeichenmaterial (Folie, Papier, Film usw.) ab. Beim Zeichnen auf Papier begrenzt bei den neueren Plottern primär der Zeichenstift die maximale Zeichengeschwindigkeit, weil bei den mechanisch möglichen Geschwindigkeiten der Plotter der Farbstoff nicht schnell genug nachfließt. Dies gilt im besonderen Maße für Tusche-Zeichenstifte. Bei Hochleistungsplottern sind deshalb hier Drucktuschesysteme anzutreffen, bei denen die Tusche unter Druck aus der Zeichenfeder gepreßt wird. Neben Tusche wird zum Zeichnen auf Papier heute auch Tintenkuli, Faserstift und der *Ball-Pen* eingesetzt.

Die Zeichenfläche der auf dem Markt angebotenen Zeichentische liegt zwischen 18 cm × 25 cm (nicht ganz DIN A4) und 165 cm × 254 cm. Es existieren Sonderkonstruktionen, wie sie in der Automobilindustrie benötigt werden, um größengetreu eine Zeichnung von Lastwagen zu ermöglichen. Hier steht dann die Zeichenfläche senkrecht.

Der Preis der Flachbett-Plotter liegt bei DM 4000 für *Low-Cost-Geräte*, die eine Zeichenfläche für DIN A4 und schon eingebaute „Intelligenz" in Form von Mikroprozessoren besitzen; er liegt bei DM 20000–40000 für Geräte bis zu einer Größe von DIN A2 und bei DM 250000–350000 für die großen, genauen und schnellen Zeichentische. Bei letzteren sind in diesem Preis größere Kontrollstationen (welche auch mehrere Plotter steuern können) mit Magnetbandstationen enthalten.

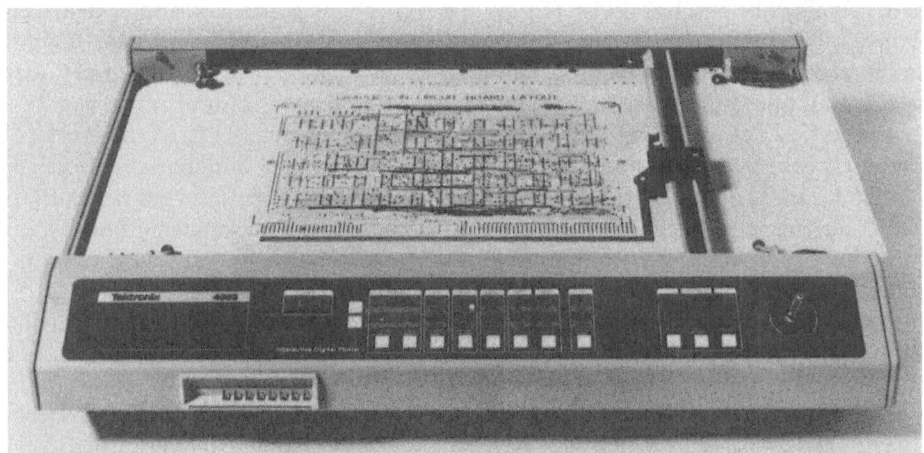

Abb. 4.8. Beispiel eines „Flatbed" Plotters (TX4663 aus TEKTRONIX, 1981)

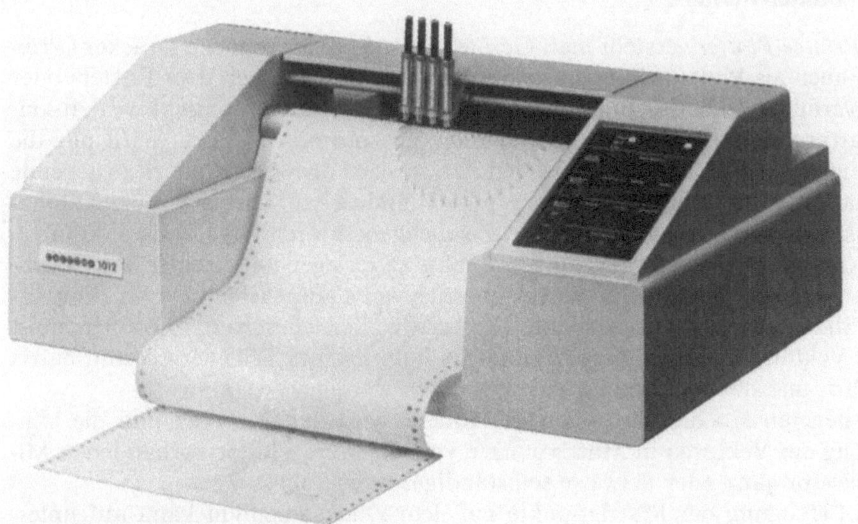

Abb. 4.9. Beispiel eines Trommelplotters (CALCOMP 1012 aus CALCOMP, 1981)

### 4.1.3.2 Trommelplotter

Beim *Trommelplotter* liegt das Papier statt auf einer ebenen Fläche auf einer Trommel, über die ein Schlitten mit dem Zeichenstift läuft. Für die Bewegung in der einen Achse wird der Stift auf dem Schlitten bewegt, für die andere Richtung die Trommel (und damit das Papier) gedreht (Abb. 4.9). Das Papier liegt nur auf einem Teil der Trommel auf und wird auf beiden Seiten von Aufwickelvorrichtungen aufgenommen.

Der Vorteil dieses Plottertyps liegt in der einfacheren Mechanik, dem geringeren Platzbedarf sowie dem Umstand, daß die Zeichnungslänge nur durch die Länge der Papierrolle beschränkt ist. (Es kann praktisch die ganze Rolle unter dem Zeichenstift durchgezogen werden.) Übliche Rollenlängen sind 18–35 Meter. Damit das Papier sicher geführt werden kann, ist es zumeist am Rande perforiert oder wird durch mit Quarzsand beschichtete Walzen praktisch schlupffrei bewegt.

Ein weiterer Vorteil liegt darin, daß dem Plotter ein Befehl zum Transport des Papiers gegeben werden kann, so daß mehrere Zeichnungen hintereinander erstellt werden können, ohne daß der Operateur einzugreifen braucht, um ein neues Blatt Papier aufzulegen. Zu einigen Plottern sind auch Schneidemaschinen erhältlich, so daß trotz der Vorteile des Rollenpapiers formatgerecht zugeschnittene Zeichnungen entstehen.

Trommelplotter werden in Breiten von 27.5–182 cm angeboten. Auch sie sind teilweise mit bis zu 8 Stiften ausrüstbar. Ihre Auflösung liegt bei 0.1–0.025 mm, ihre maximale Zeichengeschwindigkeit bei 5–355 cm/s.

Der Preis der Trommelplotter liegt deutlich unter denen der größeren Tischplotter. DIN A0-geeignete Geräte sind hier schon für DM 35000 erhältlich.


### 4.1.3.3 Printer-Plotter

Unter *Printer-Plotter* versteht man Geräte, die sowohl als schnelle Drucker (*Printer*) als auch als Plotter einsetzbar sind. Sie arbeiten alle nach dem Raster- oder Matrixverfahren, d.h. das Bild (alphanumerisch und/oder graphisch) wird aus einer Matrix von (hellen und dunklen) Punkten zusammengesetzt. Wird nur die Druckereigenschaft des Gerätes ausgenutzt, so wird dem Gerät die zu druckende Information zeilen- oder seitenweise geschickt und es baut daraus wie beim alphanumerischen Sichtgerät mit Hilfe von Zeichengeneratoren das Druckbild auf.

Bei Graphiken sind die Vektoren in Punkte zu zerlegen und in einer Matrix zwischenzuspeichern. Die Matrix wird dann zeilenweise ausgegeben. Da für ein komplexes Bild nicht alle Matrixelemente gleichzeitig gespeichert werden können, müssen die Vektoren zunächst sortiert, dann in Punkte eines Teils der Gesamtmatrix überführt, und diese Teilmatritzen ausgegeben werden.

Bei neueren Hochleistungs-Printer-Plottern wird das Sortieren und die Umwandlung der Vektoren in Matrixpunkte von einem im Plotter vorhandenen Mikroprozessor ganz oder teilweise selbständig durchgeführt.

Die Erzeugung der Matrixpunkte auf dem Zeichenmedium kann auf unterschiedliche Art geschehen. Die gebräuchlichsten Verfahren sind

– der Nadelkopf
– ein Kamm aus Schwinghämmern (Zungen)
– das elektrostatische Verfahren
– das Einbrennen auf elektrisch sensitivem Papier
– das Tintenspritzverfahren.


### Der Nadelkopf

Beim *Nadelkopf-Drucker* besteht der Druckmechanismus aus einem sich horizontal bewegenden Schreibkopf, in dem eine kleine Punktmatrix aus Nadeln, die einzeln angesteuert werden können und magnetisch angetrieben sind, ein Druckband

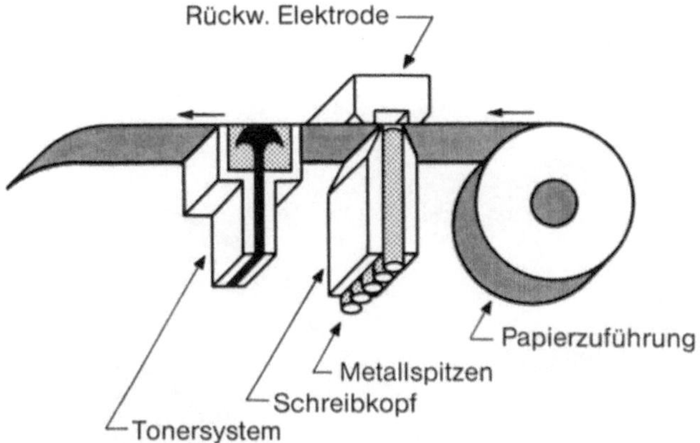


Abb. 4.10. Prinzipbild des elektrostatischen Schreibverfahrens (aus VERSATEC, 1981)

gegen das Papier schlägt. Man erreicht bei 7–10 Matrixzeilen Geschwindigkeiten bis zu 2 Druckzeilen pro Sekunde (bei voller Zeilenlänge von 132 Zeichen).

Der Preis solcher Nadelkopf-Printer-Plotter liegt, abhängig von Zeilenbreite und Druckgeschwindigkeit, bei DM 5000–16000.

**Schwingkämme**

Bei schnelleren Druckern ist statt des Druckkopfes ein *Punktekamm* vorhanden, welcher für jeden Matrixpunkt in der horizontalen Richtung ein Punktelement besitzt. Die Matrixelemente können aus kleinen Schwinghämmern bestehen, welche magnetisch angetrieben werden und ein Farbtuch gegen das Papier oder das Papier gegen ein Farbtuch drücken. Die mit diesem Verfahren erreichbaren Druckgeschwindigkeiten liegen bei ca. 300–400 Zeilen/min. Einige neu auf dem Markt erschienene mechanisch arbeitende Printer-Plotter erlauben die Erstellung von farbigen Drucken. Sie arbeiten dabei mit einem vierfarbigen Druckband (schwarz, rot, blau, gelb), wobei die Rasterzeilen mit den verschiedenen Farben nacheinander erstellt werden.

Schwingkamm-Drucker kosten ca. von DM 15000–30000 bei einfarbigen Druckern und ca. DM 40000 bei Mehrfarbdruckern.

**Das elektrostatische Verfahren**

Eine höhere Druckgeschwindigkeit und eine bessere Auflösung erlaubt das elektrostatische Verfahren. Hierbei wird ein dunkel zu erscheinender Punkt auf dem Papier durch eine hohe Spannung im Punktelement elektrostatisch aufgeladen, durchläuft danach ein Farbbad (Graphitstaub), wo es abhängig von seiner Ladung Farbpartikel annimmt. Diese werden in einem nachfolgenden Bad fixiert (Abb. 4.10). Dieses Verfahren erlaubt sehr hohe Druckgeschwindigkeiten (Zeichengeschwindigkeiten) von 500–1500 Druckzeilen/min bei geringen Gerätekosten (verglichen mit gleichschnellen mechanischen Druckern).

Abb. 4.11. Beispiel eines Printer/Plotters, der nach dem elektrostatischen Verfahren arbeitet (aus VER-SATEK, 1981)

Elektrostatische Printer-Plotter werden heute in Breiten von 8.5, 11, 14.875, 20, 22, 24, 36, 42, 50, 63 und 72 Inch (21.6–183 cm) angeboten (Abb. 4.11). Die Auflösung beträgt dabei 100 oder 200 Punkte/Inch. Die maximale Druck- oder Zeichengeschwindigkeit ist von 3 Faktoren abhängig:

– der Auflösung (Anzahl von Punkten pro Inch)
– der Breite des Plotters
– der Geschwindigkeit, mit der Daten nachgeliefert werden können.

Bei einer Breite von 11 Inch und einer Auflösung von 100 Punkten/Inch liegt die maximale Papiergeschwindigkeit bei ca. 4 Inch/s, bei einer Breite von 22 Inch und einer Auflösung von 200 Punkten/Inch nur noch bei 1 Inch/s.

Auch die sehr schnellen *Laser-Drucker*, die heute in der Regel grafik-fähig sind, arbeiten nach dem elektrostatischen Verfahren. Hier erfolgt die Aufladung des Papiers mit Hilfe des Laser-Lichts.

Der Preis elektrostatischer Printer-Plotter ist abhängig von Auflösung und Druckbreite (Zeichnungsbreite) und liegt bei DM 20000–100000.

## Das Einbrennverfahren

Bei einer primär in *Low-Cost-Geräten* eingesetzten Variante dieses Verfahrens wird ein (dunkler) Punkt nicht durch Aufladung und Farbablagerung sondern durch das Einbrennen des Punktes auf speziellem metallbeschichtetem Papier erzeugt. Dieses Verfahren ist jedoch langsamer und das Papier teurer als beim elektrostatischen Verfahren.

Die Kosten kleiner Drucker solchen Typs liegen mit DM 4 000–6 000 sehr niedrig. Sollen sie auch Graphik ermöglichen, sind ca. DM 7 000–10 000 anzusetzen.

## Das Tintenspritzverfahren

Beim Tintenspritzverfahren (*Ink Jet Plotter*) läuft ein Farbspritzkopf horizontal über das Papier und erzeugt die Farbpunkte durch Tintenpulse. Dieses Verfahren erlaubt im Gegensatz zu den anderen Matrixverfahren auch den Einsatz von Farben. Dafür sind mehrere Farbdüsen im Kopf vorhanden. Die Farben können wegen der Gefahr des Verlaufens jedoch nicht in einem Arbeitsgang aufgetragen werden, sondern es erfolgt ein Durchlaufen des Rasterbildes einmal für jede verwendete Farbe. Mischfarben sind nur beschränkt durch Überlagerung mehrerer Farben möglich.

Für das Spritzverfahren gibt es zwei Techniken:

– das Unterdruckverfahren
– das Hochdruck- oder Niederdruckverfahren.

Beim Unterdruckverfahren (Abb. 4.12) besteht der Schreibkopf aus einer Anzahl von Düsen, welche von einem piezoelektrischen Röhrchen umschlossen sind. Der Unterdruck in den Düsen saugt die Tinte etwas nach innen (es tritt keine Tinte aus). Zum Drucken eines Punktes wird kurzzeitig ein elektrisches Feld an das piezoelektrische Röhrchen angelegt, wodurch eine Stoßwelle erzeugt und damit ein Tintentröpfchen auf das Papier gespritzt wird.

Beim Spritzverfahren mit Hoch- oder Niederdruck werden ständig Tintenpulse erzeugt. Soll kein Punkt entstehen, so lenkt man hierbei die unerwünschten Tintentropfen elektrostatisch in einen Auffangbehälter ab, von wo man die Tinte wieder zu den Düsen pumpt.

Diese Geräte sind relativ neu auf dem Markt (ältere Geräte, z.B. der Firma Siemens, wurden wegen technischer Probleme wieder vom Markt genommen) und entsprechend teuer. Sie dürften vor allem als Hardcopy-Geräte zusammen mit Farbsichtgeräten eingesetzt werden.

## Vor- und Nachteile der Printer-Plotter

Dem Vorteil des geringen Preises und der hohen Zeichen- (Druck-) Geschwindigkeit der Printer-Plotter stehen eine Reihe von Nachteilen gegenüber. Diese sind:

– Teureres Papier beim elektrostatischen und Thermoverfahren
– Schlechtere Auflösung als bei Vektorgeräten
– Notwendigkeit des Zerlegens in eine Punktmatrix bei Strichgraphik
– Keine Farbe oder Graustufen (Ausnahme: Ink-Jet, Farbband, Graustufung bedingt durch unterschiedliche Punktdichten (Abb. 4.13))

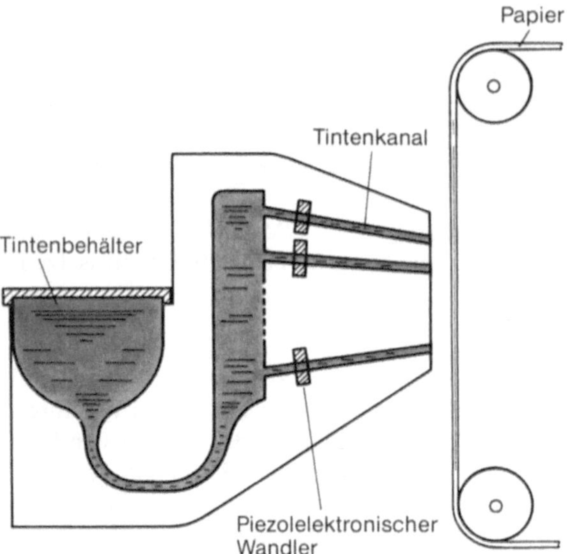


Abb. 4.12. Aufbau eines Druckers nach dem Tintenspritzverfahren (Ink Jet Plotter nach dem Unterdruckverfahren)

Abb. 4.13. Testbild mit Grauwerten, erstellt mit einem elektrostatischen Printer/Plotter (aus VERSATEC, 1981)

- Umgebungstemperatur und Luftfeuchtigkeit sind bei elektrostatischen Printer-Plottern kritische Faktoren
- Beschränkungen bei der Materialwahl (Papier).

Besonders der dritte Punkt erforderte früher rechenaufwendige Sortierläufe. Dieser Aufwand kann heute (und in verstärktem Maße in der Zukunft) durch den Einsatz lokaler Rechnerfähigkeit und durch größere Speicher im Plotter reduziert werden.

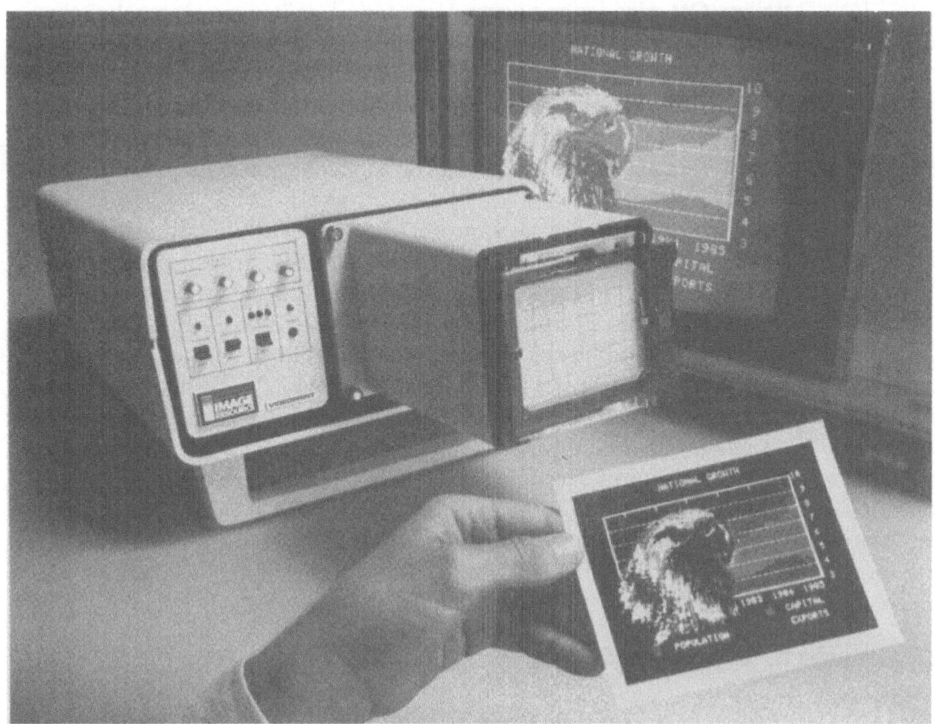

Abb. 4.14. Beispiel eines Farb-Hardcopy-Gerätes nach dem Polaroid-Photoverfahren (VIDEOPRINT aus APPLIED, 1981-I)

#### 4.1.3.4  Mikrofilmplotter

Mikrofilmplotter werden primär zur Archivierung benutzt. Sie erlauben es, Zeichnungen (oder nur alphanumerische Ausgabe) sehr schnell auf Film aufzuzeichnen. Die Kompaktheit und die kleine Größe des Films machen diesen vor allem für die Archivierung geeignet. Im übrigen werden Vergrößerungsgeräte zum Betrachten der Filme benötigt. Für CAD kann der Film neben der Archivierung auch als (Spiel-)Film interessant sein, um Simulationsergebnisse als Bewegung darzustellen.

Das Bild wird mit Hilfe einer CRT-Röhre erzeugt und von dort auf Film aufgezeichnet. Soll mit Farbe gearbeitet werden, kann dies über ein Farbrastergerät geschehen oder durch eine Strichgraphik, bei der Elemente der gleichen Farbe in einem Durchgang gezeichnet werden, der Farbfilter gewechselt wird und danach die Bildelemente der nächsten Farbe gezeichnet werden.

Die Auflösung der Mikrofilmplotter liegt bei 1024–4096 Punkten/Achse (bei quadratischer Zeichenfläche). Zumeist ist das Bildformat jedoch nicht quadratisch, sondern besitzt ein rechteckiges Format (im Verhältnis 2 zu 3). Der Preis der Mikrofilmplotter liegt bei den meisten Geräten deutlich über DM 100.000.

#### 4.1.3.5  Hardcopy-Geräte

Unter *Hardcopy-Gerät* versteht man im weiteren Sinne alle Geräte, welche eine „feste Kopie" (d.h. ein permanentes Bild) einer alphanumerischen oder graphischen

Darstellung erstellen. Oft wird jedoch unter *Hardcopy-Geräten* ein eingeschränkter Bereich verstanden, und zwar jene Geräte, welche von einem auf dem Bildschirm vorhandenen Bild auf Kommando eine Kopie erstellen. Relativ früh waren hier die elektrostatisch arbeitenden Kopiergeräte für Speicherbildschirme verbreitet. Beim Kopiervorgang wird hierbei die Speicherschirmfläche elektronisch auf ihre Aufladung abgetastet und die ausgelesene Information elektrostatisch auf Papier übertragen.

Bei Rasterbildschirmgeräten läßt sich in der Regel die Bildinformation leicht aus dem Bildwiederholspeicher auslesen und auf Plotter übertragen, welche nach einem der in (Abschn. 4.1.3.3) beschriebenen Matrixverfahren arbeiten.

Eine dritte Möglichkeit der Hardcopy ist das Photoverfahren. Im einfachsten Fall wird hierbei mit einem Tubus eine Kamera vor den Bildschirm gesetzt. Bequemer und schneller (aber auch teurer) sind Geräte, welche das Video-Signal der Sichtgeräte abgreifen und auf eigene, kleine hochauflösende Monitore führen, von wo das Bild über entsprechende Optik auf den Film gebracht wird. Um das Bild möglichst schnell zur Verfügung zu stellen, wird hierbei fast ausschließlich mit dem Polaroid-Verfahren gearbeitet (Abb. 4.14). Farbkopien stellen dabei kein Problem dar. Aus Gründen der Geräte- und Kopiekosten werden dabei in der Regel nur kleinformatige Kopien erstellt (bis 8 Zoll × 10 Zoll (203 mm × 254 mm)).

## 4.2  Graphische Eingabegeräte

Das auf dem Markt angebotene Spektrum an Eingabegeräten speziell für graphische Systeme ist äußerst vielfältig und heterogen. Es reicht von der einfachen alphanumerischen Tastatur bis hin zur Spracheingabe. Nachfolgend wird versucht, eine Übersicht über die gebräuchlichsten Eingabegeräte für CAD zu geben. Sie lassen sich grob klassifizieren in:

- alphanumerische Tastaturen
- Funktionstastaturen
- Potentiometer-gesteuerte Eingabegeräte
- Lichtgriffel
- Tableaus
- TSD-Geräte (*Touch Sensitive Devices*)
- manuelle Digitalisierer
- maschinelle Digitalisierer (*Scanner*).

Unabhängig von Art, Aufbau und Funktionsweise der Eingabegeräte läßt sich die Eingabe von ihrer Bedeutung bzw. Interpretation her in 5 verschiedene Eingabefunktionen abstrahieren. Diese sind auch in den Standardisierungsversuchen für graphische Software wie in dem CORE-System (CORE, 1979) und dem GKS-System (Eckert, 1980) zu finden.

- Eingabe einer Zeichenfolge (*Keyboard*)
- Identifikation eines Objektes (*Pick*)
- Eingabe einer Position (*Locator*)
- Eingabe eines (analogen) Wertes (*Valuator*)
- Selektion 1 aus n (*Button*).

Es läßt sich zeigen (Trambacz, 1976), daß man mehr oder weniger elegant und mit entsprechendem Softwareaufwand jede Eingabefunktion durch jede andere simulieren kann. Dieser Umstand ist besonders für eine weitgehende Geräteunabhängigkeit und damit eine leichte Verpflanzbarkeit (Portabilität) und Adaptierbarkeit wichtig. Aus diesen primitiven Eingabefunktionen lassen sich dann *höhere Eingabefunktionen* zusammensetzen (Eckert, 1980). Dies geschieht durch die Operationen:

- Wiederholung (z.B. mehrere Positionswerte führen zur Eingabe eines Polygonzuges)
- Und- und Oder-Vernüpfungen (wähle A oder B)
- Vergleiche mit vorgegebenen Mustern (Kommandofolge)
- Erweiterung der Eingabefunktionen (Geräte) um eine Uhr (z.B. zum Aufnehmen der Position in vorgegebenen Zeitintervallen).

Diese höheren Eingabefunktionen sind bisher nicht standardisiert und müssen durch Software realisiert werden.

Neben der oben angegebenen Klassifizierung läßt sich die Eingabe untergliedern in ereignisgesteuerte (*Event Driven, Interrupt Driven*) und in abfragegesteuerte Eingabe (*Sampled Input*). Bei der abfragegesteuerten Eingabe wird der Wert vom Eingabegerät bzw. der Eingabefunktion sofort zurückgeliefert, ohne daß der Benutzer hierzu eine Aktion durchzuführen hat. Typische Funktionen dieser Art sind Position und Analogwert, typische Eingabegeräte Steuerhebel, Maus, Rollkugel, bzw. die Position des durch sie gesteuerten Cursors oder die Position des Tracking Cross beim Lichtgriffel. Bei der ereignisgesteuerten Eingabe wird nach dem Anstoß der Eingabeoperation gewartet, bis der Benutzer eine Eingabeaktion durchführt bzw. beendet. Diese Art der Eingabe ist mit einem passiven Warten verbunden. Eingabe einer Zeichenfolge, Identifikation und Selektion sind typische derartige Funktionen, die alphanumerische Tastatur, Lichtgriffel und Funktionstastatur typische Geräte dieser Klasse.

### 4.2.1 Alphanumerische Tastatur

Die *alphanumerische Tastatur* ist das am meisten verwendete Interaktionsmittel beim Dialog Mensch-Rechner und auch in fast allen nicht-graphischen Systemen vorhanden (Abb. 4.15). Leider sind zahlreiche, in der Anordnung der Zeichen unterschiedliche Tastaturen anzutreffen. Einige Tastaturen verfügen neben den Tasten für die Eingabe von Groß- und Kleinbuchstaben, Ziffern, Sonderzeichen sowie den Steuerzeichen *Carriage Control*, *Line Feed* und *Form Feed* über Tasten zur Steuerung der Schreibmarke (*Cursor*) und über sogenannte *Funktionstasten*, wobei die diesen zugeordneten Funktionen entweder fest vorgegeben oder vom Rechner her programmierbar sind, sowie über geräteabhängige Sondertasten zum lokalen Editieren und zur Nachrichtenübertragung.

Tastaturen mit den unterschiedlichsten Schaltverfahren wie z.B. Goldkontakte, Magnetkontakte über Reedrelais und Sensorschaltungen mit spezifischen Vor- und Nachteilen werden hier angeboten.

Der Preis solcher Tastaturen ist durch die höheren Stückzahlen recht niedrig und liegt bei DM 350–800.

Abb. 4.15. Alphanumerische Tastatur mit integrierter Funktionstastatur (weiße Reihe) (GCT-3071 aus APPLIED, 1981-G)

### 4.2.2 Funktionstastaturen

Eine *Funktionstastatur* (*Function Switches*) besteht aus einer Reihe von Druckknöpfen oder Schaltern, mit denen dem Rechner eine Ja/Nein-Entscheidung oder eine Selektion 1 aus *n* mitgeteilt wird (Abb. 4.15 und 4.20). Die Anzahl der Tasten variiert von 8–128. Häufig sind die Tasten vom Rechner gesteuert beleuchtbar, womit z.B. angezeigt werden kann, welche Aktion (Knopf) aktuell ausgeführt werden darf. Die Funktionstastatur stellt, soweit sie nicht bereits in die alphanumerische Tastatur integriert ist, mit DM 400–1 500 ein preiswertes Eingabegerät dar.

### 4.2.3 Potentiometer-gesteuerte Eingabegeräte

Bei potentiometergesteuerten Eingabegeräten liegt an einem Potentiometer eine Stromquelle. Über den Mittelabgreifer wird eine Spannung abgenommen, die der Potentiometerstellung proportional ist. Über einen Analog-Digitalwandler steht dann dem Rechner ein extern veränderbarer Wert zur Verfügung.

Das beschriebene Prinzip findet bei einer Vielzahl graphischer Eingabegeräte Anwendung, wobei häufig mehrere Potentiometer in einem Gerät angeordnet sind. Typische Geräte dieser Art sind: Daumenrad, Steuerhebel, Maus, Rollkugel und Wertgeber (Dials).

Die Genauigkeit dieser Geräte ist von der verwendeten Mechanik (Übersetzung), der Linearität der verwendeten Potentiometer sowie von der Auflösung und Genauigkeit des verwendeten A/D-Wandlers abhängig. Zusammen mit der Rechner- oder Geräteschnittstelle bestimmt vor allem der A/D-Wandler den Preis des Gerätes. Hier machte sich der ständig fallende Preis von guten A/D Wandlern (8–12 Bit Auflösung) in den letzten Jahren bemerkbar, wobei die fertigen Geräte naturgemäß verzögert dem Hardware-Preisverfall folgen. Typische Preise liegen hier bei DM 600–1 600 .

### 4.2.3.1 Daumenrad

Das *Daumenrad* (*Thumb Wheel*) ist vorwiegend an *Low Cost*-Geräten zu finden. Es handelt sich dabei um 1 oder 2 geriffelte Rädchen, welche mit dem Daumen gedreht werden. Häufig sind sie fest mit einer Marke (*Cursor*) oder einem Fadenkreuz (*Cross Hair Cursor*) auf dem zugehörigen Bildschirm gekoppelt, so daß der Cursor

Abb. 4.16. Steuerhebel (GCT-3073 aus APPLIED, 81-G)

durch Drehen der beiden Rädchen (x-Position und y-Position) verschoben werden kann (Abb. 4.6). Vom Rechner her besteht dann die Möglichkeit, die Position des Cursors abzufragen. Als logische Funktion wird hierdurch eine Position bzw. ein x-y-Koordinatenpaar eingegeben.

### 4.2.3.2 Steuerhebel

Beim *Steuerhebel* (*Joy Stick*) hat der Benutzer einen Knauf in der Hand, den er, ähnlich dem Steuerknüppel eines Flugzeugs, in 2 Richtungen frei bewegen kann. Bei einigen Ausführungen ist auch die Vertikalachse des Hebels drehbar, so daß 3 Werte an den Rechner geliefert werden können. Ähnlich dem Daumenrad wird dies häufig dazu benutzt, die Position eines Cursors auf einem Bildschirm oder die Zeichenfeder auf einem Plotter zu steuern (Abb. 4.16 und 4.6). Der Preis von Steuerhebeln liegt bei DM 300–1 800.

### 4.2.3.3 Rollkugel

Bei der *Rollkugel* (*Tracker Ball*) ragt der obere Teil einer Kugelfläche aus dem Gerät. Durch das Rollen der Kugel mit der flachen Hand werden hier die 2 Werte geändert (Abb. 4.12, 4.17, 4.18a, 4.18b). Da die Rollkugel keinen festen Seitenanschlag besitzt, kommt es beim Drehen über 360 Grad hinaus zu einem Umklappen (*Wrap Around*) der Werte. Wird mit der Rollkugel z.B. ein *Cursor* gesteuert, so verschwindet dieser hierbei an dem einen Bildrand und erscheint am gegenüberliegenden wieder. Die Preise für eine Rollkugel liegen bei DM 800–1 600.

### 4.2.3.4 Maus

Bei der *Maus* (*Mouse*) befinden sich in einem Kästchen zwei senkrecht zueinander angeordnete Räder oder Achsen, welche mit Potentiometern verbunden sind.

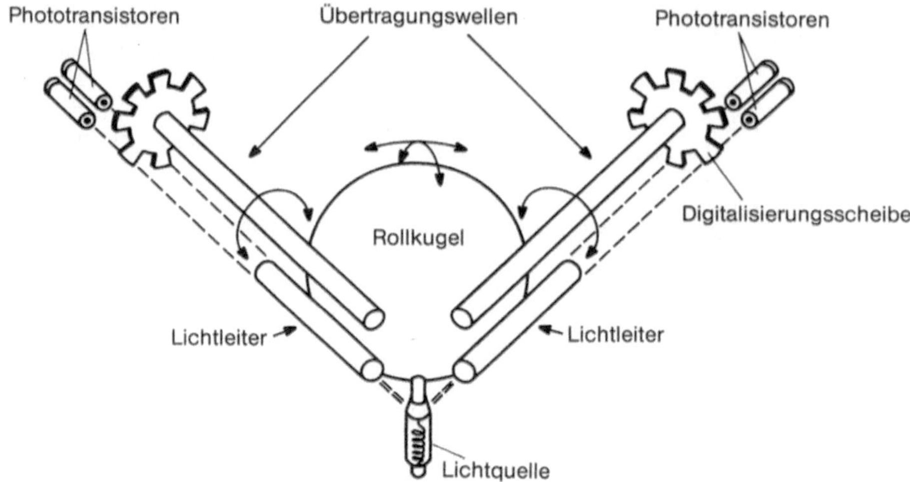




Abb. 4.17. Funktionsschema einer Rollkugel (aus FERRANTI, 1981)


Abb. 4.17. Funktionsschema einer Rollkugel (aus FERRANTI, 1981)

Abb. 4.18a. Beispiel einer Rollkugel mit Cursorkontrollschaltern (GCT-3072 aus APPLIED, 1981-G)

Abb. 4.18b. Beispiel einer Rollkugel mit Taster (MD 92 aus FERRANTI, 1981)

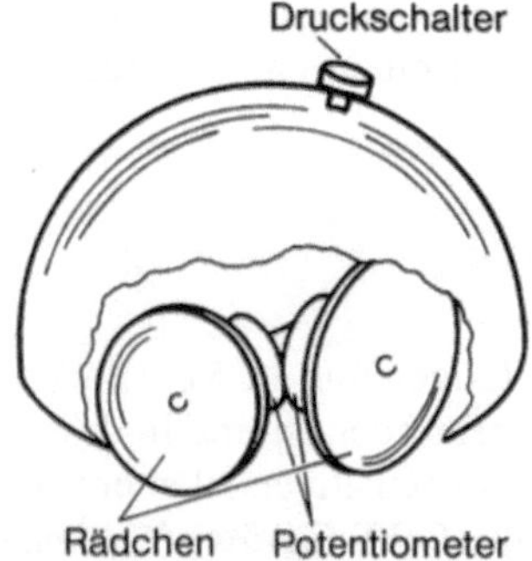

Abb. 4.19. Schnitt durch eine Maus

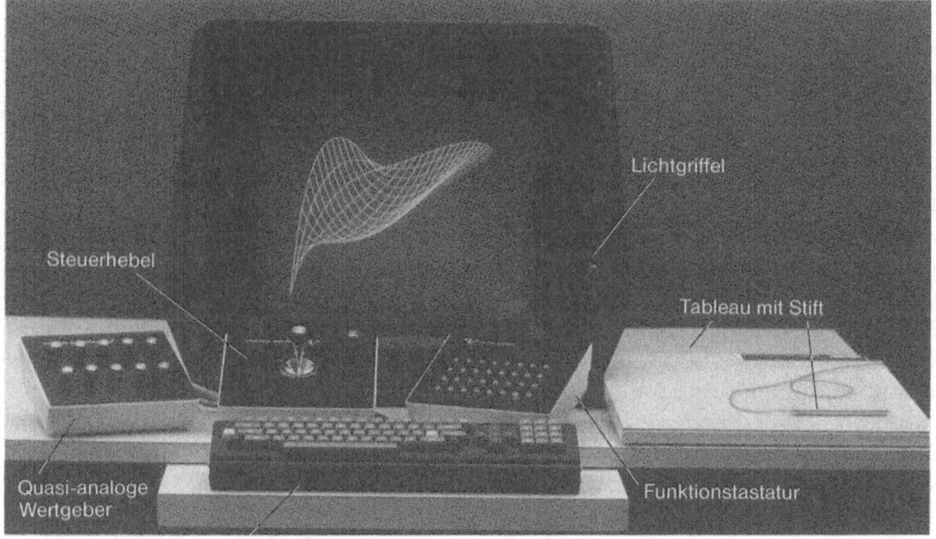

Abb. 4.20. Vektorsichtgerät mit graphischen Eingabegeräten (VG 3300 aus APPLIED, 1981-V)

Fährt man mit diesem Gerät über den Tisch, so ändern über die Räder die Potentiometer abhängig von der Bewegungsrichtung (und der Anfangstellung der Maus) ihre Stellung (2 Werte) (Abb. 4.19). Bezüglich Randanschlag und Cursorsteuerung gilt das gleiche wie für die Rollkugel. Der Preis einer Maus liegt bei DM 800–1 600.

### 4.2.3.5 Wertgeber

Bei *Wertgebern* (*Control Dials*) sind 4–32 an Potentiometer angeschlossene Rädchen in einem Gerät angeordnet. Im Gegensatz zu Maus, Rollkugel und Steuerhebel können sie einzeln und unabhängig voneinander eingestellt und ihre Werte abgefragt werden (Abb. 4.20). Sie werden vom CAD-Programm in der Regel als manuell einstellbare quasi-analoge Variablen (*Valuator*) benutzt. Von der Software her lassen sich jedoch 2 oder 3 Wertgeber auch so interpretieren, daß sie die Funktion eines Steuerhebels oder einer Maus übernehmen und einen Cursor steuern. Der Preis der Wertgeber liegt bei DM 800–1 600.

### 4.2.4 Lichtgriffel

Der *Lichtgriffel* (*Light Pen*) besteht aus einem ca. 15 cm langen und 1.25 cm dicken Stift, der mit einem flexiblen Kabel mit dem Sichtgerät verbunden ist und in dessen vorderem Teil sich eine Linse mit dahinterliegendem photosensitiven Element befindet (Abb. 4.21). Der Stift wird an die Frontscheibe eines CRT-Gerätes (*Cathode Ray Tube*) gehalten. Der Elektronenstrahl regt beim Zeichnen den Phosphor zum Leuchten an. Der Lichtgriffel ist nun so eingestellt, daß er auf die höhere Helligkeit des gerade erregten Phosphors anspricht und dem Rechner ein Signal schickt. Aus der Position des Strahls bzw. aus dem Element, welches gerade gezeichnet wurde, kann der Rechner so feststellen, auf welches Objekt oder auf welche Position der Benutzer deutete.

In der Regel ist der Lichtgriffel darüberhinaus mit einem Schalter oder Sensor versehen, mit dem der Benutzer eine zusätzliche Entscheidung angeben kann (z.B. daß das gerade identifizierte Objekt das richtige ist, oder daß der Lichtgriffel aktiviert bzw. deaktiviert werden soll).

Aus dem beschriebenen Verfahren geht hervor, daß der Lichtgriffel nur mit Sichtgeräten arbeiten kann, welche das Bild ständig neu zeichnen (Abschn. 4.1), d.h. mit CRT-Geräten entweder vom Raster- oder vom Random-Typ. Da in der Regel beim Rastertyp-Gerät die Bildinformation nicht mehr strukturiert sondern nur in Form des Rasters vorliegt, läßt sich zunächst hierbei mit dem Lichtgriffel nur eine Position ermitteln. Erst durch ein erneutes Durchlaufen der strukturierten Bildinformation (soweit diese noch vorhanden ist), läßt sich über eine Fensterfunktion (ein Feld um die vom Lichtgriffel festgestellte Position) und der Untersuchung, welche Elemente des Bildes in diesem Fenster liegen, feststellen, auf welches Objekt gezeigt wurde.

Die entgegengesetzte Situation liegt beim Random-Gerät vor. Hier läßt sich an Hand der gerade abgearbeiteten (strukturierten) Bildinformation zunächst die Identifikation des Objektes ermitteln, wobei die Position in der Regel durch erneutes Durchlaufen der strukturierten Bildinformation (in der Regel per Software) errechnet werden muß. Bei manchen Random-Geräten wird auch zur leichteren Koordinaten-Bestimmung die aktuelle Position in Hardware-Registern mitgeführt.

Soll der Lichtgriffel zur Eingabe einer beliebigen Position auf dem Schirm dienen, so muß man den Kathodenstrahl so steuern, daß er Licht unter der Lichtgriffelposition erzeugt. Hierzu gibt es zwei Verfahren:

– Man läßt für einen Wiederholungszyklus den ganzen Schirm hell zeichnen. Dieses Verfahren ist vor allem bei Rastergeräten, bei denen der Strahl in jedem Fall (hell und dunkel getastet) den kompletten Schirm zeilenweise abfährt, akzeptabel, sofern nur die aktuelle Position des Griffels festgestellt werden soll. Das Verfahren führt aber, falls mit dem Lichtgriffel eine Markierung (*Tracking Cross*) geführt werden soll, zu wiederholten, für den Benutzer unangenehmen Lichtblit-

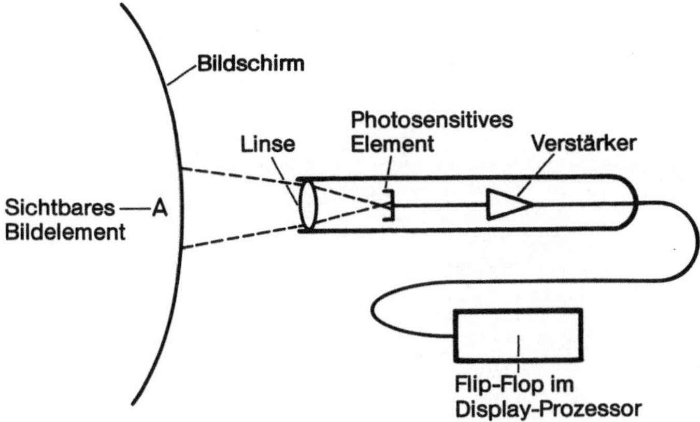


Abb. 4.21. Funktionsschema des Lichtgriffels

zen. Bei Random-Geräten führt dieses Verfahren in jedem Fall zu einem nicht akzeptablen Flimmern.

– Man positioniert ein aus Punkten oder Linien gebildetes kleines Zeichenkreuz irgendwo auf dem Bildschirm. Der Benutzer deutet mit dem Griffel auf das Kreuz und führt dann den Griffel an die gewünschte Position. Dieser Vorgang wird auch, analog zum Eintauchen einer Feder in Tinte um schreiben zu können, *Inking* genannt. Aus Anzahl und Position bzw. Adresse der Punkte oder Linien des Cursors, die der Lichtgriffel beim Verschieben noch *sieht*, läßt sich die Position des Griffels relativ zur Position des Cursors errechnen; der Cursor wird nun unter die neue Position des Griffels gesetzt. Auf diese Weise wird das Zeichenkreuz (Cursor) hinter dem Griffel hergezogen, was dem Kreuz den Namen *Tracking Cross* einbrachte (Abb. 4.22). Wird der Griffel zu schnell bewegt, so kann für ihn das Zeichenkreuz verloren gehen.

Es gibt mehrere Verfahren, das verlorene Zeichenkreuz wiederzufinden. Am einfachsten ist es, vom Benutzer zu verlangen, daß er mit dem Stift zum Kreuz zurückkehrt. Bei einem anderen Verfahren werden von der letzten Kreuzposition ausgehend spiralförmige Linien gezogen bis der Griffel *gefunden* ist. Bei Rastergeräten bietet es sich an, für einen Zyklus den Schirm hell abzufahren.

Die Lichtgriffelverfolgung läßt sich verbessern, wenn nicht nur die gerade sichtbaren, sondern auch die zurückliegenden Positionen in die Berechnung der neuen Position einbezogen werden und damit die aktuelle Geschwindigkeit (Lichtgriffelverfolgung 2. Ordnung) oder auch die Beschleunigung (Lichtgriffelverfolgung 3. Ordnung) berücksichtigt.

Gewisse Schwierigkeiten bei der Benutzung des Lichtgriffels entstehen bei Farbsichtgeräten, da das Photoelement des Griffels nicht auf alle Farben gleich gut anspricht, und die unterschiedlichen Farbphosphore ungleiche Nachleuchtdauer haben. Eine Möglichkeit, dieses Problem zu umgehen, besteht darin, bestimmte Refresh-Zyklen nicht farbig sondern weiß zu zeichnen (für den Benutzer kaum erkennbar) und den Lichtgriffel nur für diese Zyklen zu aktivieren.

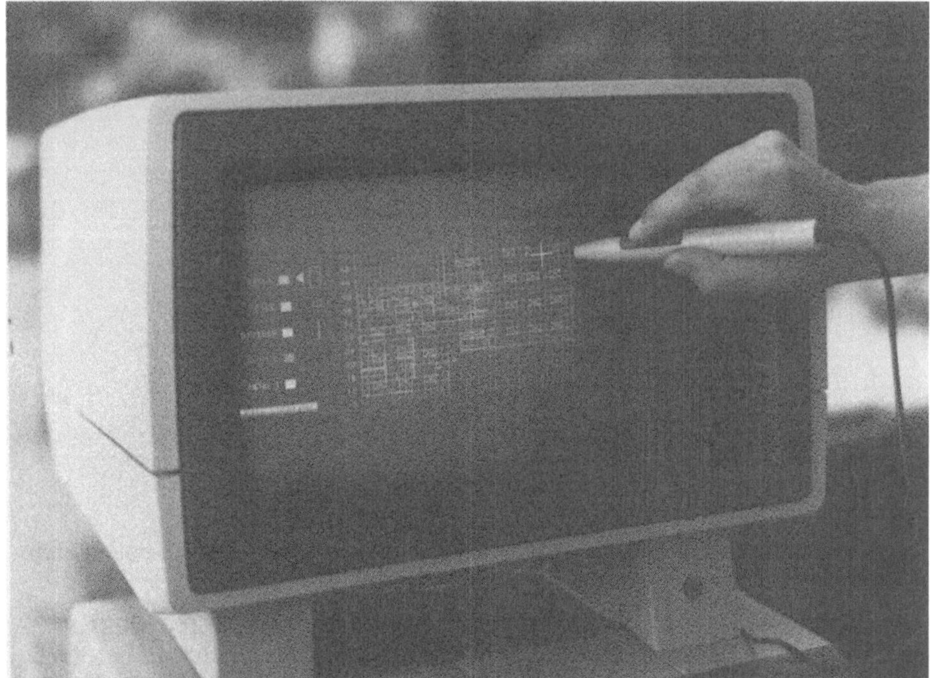

Abb. 4.22. Rastersichtgerät mit durch Lichtgriffel geführtem Cursor (HP 9845 aus HP, 1981)

Eine andere Schwierigkeit tritt bei der eindeutigen Identifizierung von Linien bzw. Objekten auf, wenn sich im aktuellen Sichtbereich des Griffels mehrere Linien schneiden. Vom Lichtgriffel wird in diesem Fall die zufällig nach der Aktivierung nächstgezeichnete Linie identifiziert. Diese Situation muß in der Regel durch Software bzw. vom Benutzer gelöst werden, z.B. indem man das identifizierte Objekt durch Blinken oder Aufhellen (*High Lighting*) markiert und der Benutzer das so markierte Objekt durch Betätigung des Schalters am Lichtgriffel akzeptiert oder verwirft. Einige Systeme realisieren das *High Lighting* durch Hardware. In einigen höher entwickelten Systemen wird ein ganzer Refresh-Zyklus durchlaufen, ehe alle *gesehenen* Objekte an den Rechner geliefert werden.

Da zumindest bei bildwiederholenden Random-Sichtgeräten mit strukturierten Bilddateien (*Display File*) der Lichtgriffel zur Eingabe einer Identifikation (*Pick*) und einer Position (*Locator*) benutzt werden kann, und sich sehr elegant Menü-Techniken anwenden lassen, war der Lichtgriffel lange Zeit ein bevorzugtes Eingabegerät. Hinzu kommt, daß das Deuten (Identifizierung) bzw. das Zeichnen mit einem Stift (Positionierung) auf einer Fläche (dem Bildschirm) mit direkter optischer Rückkopplung sehr der menschlichen Kommunikation entgegenkommt.

Als Nachteil fallen folgende Faktoren ins Gewicht:

a)   schnelle Ermüdung des Armes (bei senkrecht stehendem Schirm)
b)   relative Ungenauigkeit bei der Positionierung
c)   beschränkte Zeichengeschwindigkeit (Verlieren des Tracking Cross)
d)   hohe Rechnerbelastung bei Lichtgriffelverfolgung durch Software

e)   Beschränkung auf bildwiederholende Geräte (primär Random Sichtgeräte)
f)   fehlende Eindeutigkeit bei mehreren sich überschneidenden Objekten
g)   einfache Identifikation nur bei Vorliegen eines strukturierten Display Files.

Aus den genannten Gründen verliert der Lichtgriffel allmählich bei anspruchsvollen Systemen seine Vorrangstellung unter den Eingabegeräten an die Tableaus, für welche die Nachteile a)–e) nicht gelten. Hingegen scheint er bei *Low Cost-Rastergeräten* nicht zuletzt auch unter dem Einfluß des *Personal Computings* neben alphanumerischer Tastatur und Steuerhebel als billiges Eingabegerät an Beliebtheit zu gewinnen.

An technischen Daten zeichnet sich ein guter Lichtgriffel durch schnelle Reaktionszeit (150 Nanosekunden) und große Störsicherheit gegenüber Fremdlicht aus. Der Preis des Lichtgriffels liegt bei ca. DM 10000–4000 (bei *Hardware-Tracking Cross*-Verfolgung).

### 4.2.5 Tableaus

Das Arbeiten mit einem Tableau (*Tablett*) kommt dem gewohnten Arbeiten mit Papier und Bleistift sehr nahe. Das Tableau besteht aus einer rechteckigen Fläche und einem Stift (Abb. 4.23). Über die im Tableau vorhandene Elektronik wird die Position des Stiftes ermittelt und an den Rechner geliefert. Bei den meisten Tableaus kann auf die Zeichenfläche sogar ein Papier gelegt werden und der Stift ist als Schreibinstrument ausgebildet. Somit kann auf dem Papier ein Protokoll der Sitzung entstehen. Die Möglichkeit, eine Zeichnung auf die Zeichenfläche zu legen, ist auch dann vorteilhaft, wenn diese Zeichnung (oder Teile davon) digitalisiert in den Rechner gegeben werden soll.

In der Regel ist der Stift mit einem Schalter versehen (zum Teil in der Spitze als Druckschalter), mit welchem der Stift aktiviert werden kann. In der *Architecture Machine* (Negroponte, 1971) wird nicht nur die Position des Stiftes, sondern auch dessen Druck auf die Zeichenfläche ermittelt.

Die Ermittlung der Stiftposition kann auf unterschiedliche Art geschehen. Hierbei ist üblich (Digital Design, 1979):

– das Ultraschall-Verfahren
– das Spannungsverfahren
– das induktive Verfahren
– das Wellenphasenverfahren (magnetostriktives Verfahren)
– das kapazitive Verfahren
– das Halogrammverfahren.

Bei *Ultraschall Tableaus* (Brenner, 1970) wird von der Griffelspitze ein Ultraschallton ausgesendet. Mit Streifenmikrophonen, welche sich in einem die Zeichenfläche umgebenden Rahmen (es reichen zwei Schenkel) befinden, wird die Laufzeit gemessen und hieraus die Position ermittelt. Werden mehr als zwei Mikrophone zur Laufzeitmessung verwendet, so läßt sich nicht nur eine Position (Projektion) des Stiftes auf dem Tableau, sondern auch die Höhe des Stiftes über dem Tableau berechnen. Somit ist eine 3-dimensionale Eingabe möglich.

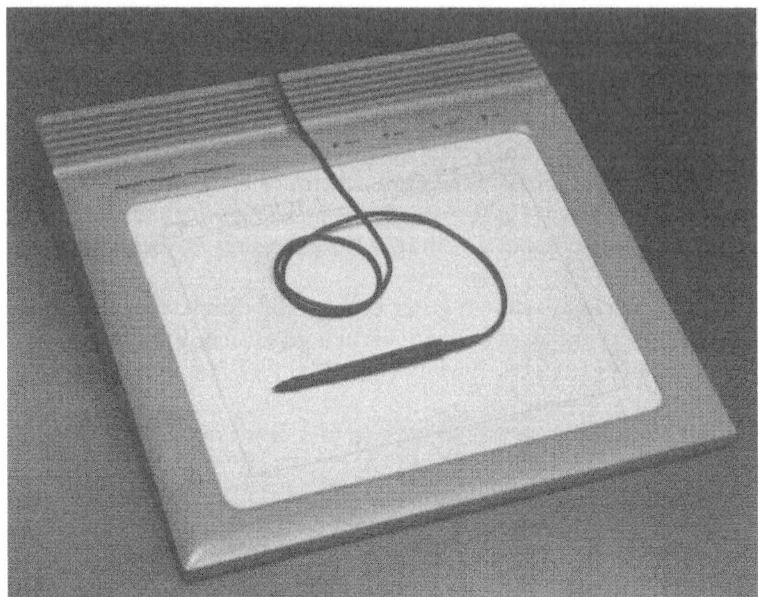

Abb. 4.23. Tableau mit Griffel (HP 9111 aus HP, 1981)

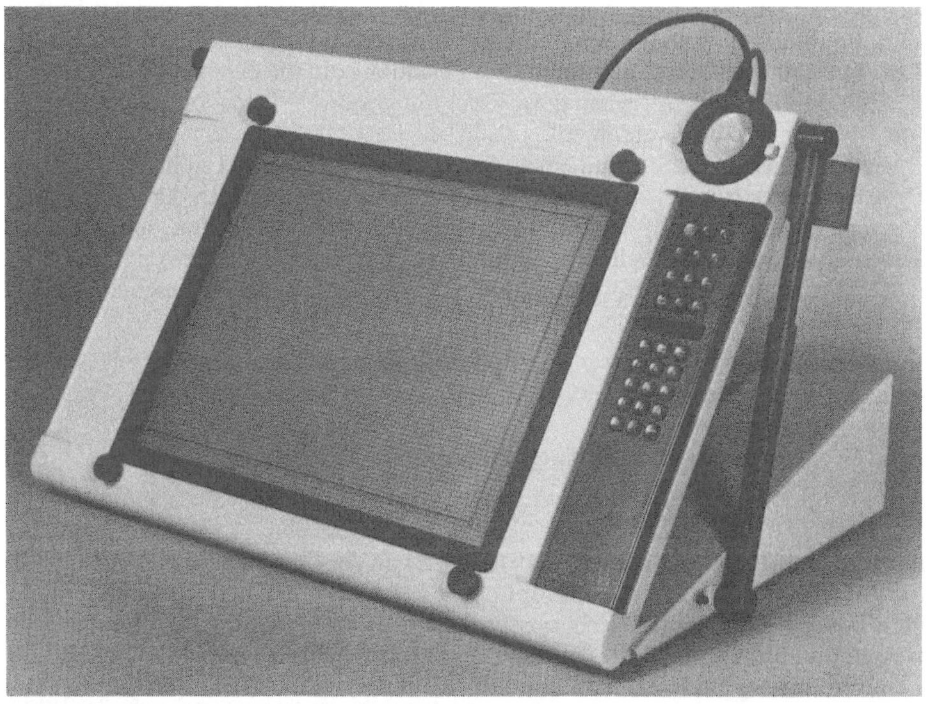

Abb. 4.24. Beispiel eines komfortablen Tableaus (Digitalisierers) mit Lupe und beleuchtbarer Digitalisierfläche (aus HP, 1981)

Das akustische Tableau erlaubt die Verwendung von Papier auf der Zeichenfläche. Da der Rahmen nicht an ein Zeichenbrett gebunden ist, kann er auch auf einen Bildschirm aufgesetzt werden, so daß das Zeichnen direkt auf der Bildschirmfläche gesehen werden kann (ähnlich dem Lichtgriffel) und der Benutzer die Augen nicht ständig zwischen Tablett und Bildschirm wandern lassen muß.

Das *Spannungstableau* besteht aus einer elektrisch leitenden Zeichenfläche, über die in horizontaler und vertikaler Richtung eine Spannung angelegt wird. Mit dem Stift wird eine Spannung abgegriffen, die der Stiftposition proportional ist. Dieses Verfahren erlaubt nicht die Verwendung von Papier zwischen Stift und Fläche. In der Regel ist die Zeichenfläche hier transparent und wird über den Bildschirm gelegt. Die Genauigkeit des Spannungstableaus erreicht nicht die anderer Tableaus. Daneben stellt der mechanische Abrieb der Tableaufläche durch den Griffel ein Problem dar.

Beim *induktiv arbeitenden Tableau* (Davis, 1964) sind in der Tableaufläche dicht parallel laufende (in horizontaler und vertikaler Richtung) Drähte eingelassen. Auf diese Drähte wird eine Pulsfolge gegeben. Aus dem Code, den die Stiftspitze (induktiv) aufnimmt, ergibt sich die Position. Eine frühe Version dieses Tableaus wurde als *RAND TABLET* bekannt. Dieses Verfahren erlaubt die Verwendung von Papier (Zeichnungen) zwischen Stift und Tableau, das Tableau kann jedoch nicht mit dem Bildschirm überlagert werden. Bei einer anderen Version eines induktiv arbeitenden Tableaus bestehen die parallel im Tableau verlaufenden Drähte aus *magnetostriktivem* Material, entlang derer sich magnetische Wellen ausbreiten. Diese werden induktiv vom Griffel abgegriffen und erlauben die Berechnung der Griffelposition.

Ein von der Firma Sylvania Company erstmals vorgestelltes Tableau (Teixera, 1968) arbeitet mit einer Fläche aus leitendem Material, welche mit Glas abgedeckt ist. In diese Schicht wird ein hochfrequentes Signal (in horizontaler und vertikaler Richtung) geschickt. Aus der Phasenlage des vom Stift kapazitiv aufgenommenen Signals läßt sich die Position des Stiftes ermitteln. Da Hochfrequenz verwendet wird, darf die Schicht zwischen Tableau und Stift sogar Buchstärke erreichen.

Ein seltener verwendetes Verfahren wird von Sakaguchi(1970) beschrieben. Es handelt sich hierbei um ein *Halogramm-Tableau*. Hierbei liegt unter der Zeichenfläche eine Halogrammatrix. In jedem Matrixelement ist dessen Position als Interferenzmuster kodiert. Das Licht eines Laserstrahls wird durch diese Matrix abgelenkt. Fotoelemente erfassen dieses Licht und ermitteln daraus die Position.

Die Auflösung der Tableaus ist für das Halogrammtableau und das magnetostriktive Tableau am höchsten und liegt dort bei 0.1–0.5 mm, die erzielbare Genauigkeit bei 0.2–0.9 mm. Die Größe der angebotenen Tableaus variiert zwischen ca. 25 cm × 25 cm und 1.0 m × 1.50 m, ihr Preis liegt bei ca. DM 4000–20000 bei einer Größe von 50 cm × 50 cm und DM 20000–30000 bei einer Größe von 100 cm × 150 cm. Zu diesen Kosten kommen die der Rechnerschnittstellen.

### 4.2.6 TSD-Geräte

Unter *TSD-Geräten* (*Touch Sensitive Devices*) wird eine auf dem Markt relativ neue Klasse von Eingabegeräten verstanden, welche direkt mit dem Finger bedient werden. Der Benutzer zeigt bzw. berührt mit dem Finger (*Touch*) eine Oberfläche und das Gerät ermittelt dann die Position des Fingers. Da die so mögliche Eingabe nur sehr grob ist, werden diese Geräte vorwiegend im Zusammenhang mit der Menü-Technik verwendet. Der Vorteil der Geräte ist ihr niedriger Preis. Die einfacheren Versionen der TSD-Gerät kommen hauptsächlich aus dem Bereich des *Personal Computing*, da sie sehr billig gefertigt werden können.

Das bekannteste TSD-Gerät besteht aus einem Rahmen mit einer Matrix von Infrarotdioden (Sendern) und gegenüberliegenden infrarotsensitiven Photoelementen (Emfängern). Dieser Rahmen liegt in der Regel um den (auf dem) Bildschirm. Die Matrix besteht aus 8 horizontalen und 8 vertikalen oder 16 + 16 solcher Lichtschranken. Beim Betrieb werden im Multiplexverfahren nacheinander die einzelnen gegenüberliegenden Elemente (Sender, Emfänger) aktiviert, so daß kein Überleuchten auf das nächste Empfängerelement auftreten kann. Dies wird abwechselnd für die horizontale und vertikale Richtung durchgeführt.

Aus der Position der durch den Finger unterbrochenen Lichtbahnen ergibt sich so sehr einfach die Fingerposition. Auf diese Weise sind 64 (bei 8 + 8) bzw. 256 (bei 16 + 16) verschiedene Positionen eingebbar bzw. ein Element aus einem entsprechenden Menü selektierbar. TSD-Geräte lassen sich sehr einfach bauen, so daß ihr Preis deutlich unter DM 1 000 liegen kann.

Eine noch einfachere Version eines TSD-Gerätes besteht aus einem kleinen Tableau. Dieses enthält eine Matrix von horizontal und vertikal verlaufenden flexiblen Leiterbahnen. Drückt man mit dem Finger auf das Tableau, so berühren sich die unter dem Finger liegenden Bahnen und aus dem leitenden Matrixelement ergibt sich die Fingerposition. Neben der Menü-Technik läßt sich dieses Gerät als Ersatz für eine Funktionstastatur betrachten. Versionen dieses Gerätes werden in den USA für den *Personal Computing* Markt für weniger als DM 100 angeboten. Neben dem niedrigen Preis spricht für diese Geräte die dem Menschen gewohnte Benutzung des Fingers zum Deuten.

Eine experimentelle, wenn auch wesentlich aufwendigere Variante der TSD-Geräte sind die *PSD-Geräte* (*Pressure-Sensitive Digitiser*) wie sie in (Herot) beschrieben werden. Hierbei wird vor dem Bildschirm eine zweite durchsichtige Scheibe angebracht, über die mittels technisch aufwendigerer Verfahren nicht nur die Position des Fingers, sondern auch der Fingerdruck und sogar die Druckrichtung ermittelbar sind. Auf diese Weise läßt sich ein Cursor sowohl vor dem Finger herschieben als auch hinter dem Finger nachziehen. Verwendet man zwei Finger, so lassen sich mit entsprechender Softwareunterstützung Kommandos zum Vergrößern (Auseinanderfahren der Finger) und Verkleinern (Zusammenfahren der Finger) oder der Rotation eines Objektes geben.


### 4.2.7 Manuelle Digitalisierer

Die manuellen Digitalisierer sollen es erlauben, eine als Strichgraphik vorhandene Vorlage in den Rechner einzugeben. Dies kann dabei nur durch die Eingabe von Koordinatenpaaren bzw. Punkten und aus Punktfolgen geschehen. Die bequemste Möglichkeit bot bei den bisher beschriebenen Geräten das Tableau. Aus diesem Grunde bestehen die meisten manuell betätigten Digitalisierer aus einem Tableau, wobei überwiegend das induktive und magnetostriktive Aufnahmeprinzip anzutreffen ist. Häufig ist der Stift durch eine Lupe mit einem Fadenkreuz in der Mitte und einem Schalter am Rande ersetzt (Abb. 4.24) und das Tableau um eine digitale Positionsanzeige erweitert, an der die x- und y-Koordinate, die Griffelstellung (abgehoben oder auf dem Tableau) und eventuell zusätzlich der Modus des Tableaus (z.B. Einzelpunkt oder Punktfolge, Abtastrate) angezeigt werden. Die beschriebene Art von Digitalisierern werden in Größen zwischen 27 cm × 27 cm–120 cm × 150 cm angeboten(Abb. 4.25), und ihr Preis variiert entsprechend Größe, Genauigkeit, Auflösung und Ausstattung zwischen ca. DM 2000 für aus dem *Personal Computing* kommende Geräte bis DM 30000 für große Digitalisierer. Hierzu kommen die Kosten für die Rechnerschnittstelle. Für fast alle Digitalisierer werden ein Parallelanschluß und ein serieller Anschluß angeboten. Sollen Kurven in Form von Punktfolgen sehr schnell aufgenommen werden, so ist hierbei dem Parallelanschluß der Vorzug zu geben und in der Regel ein Zwischenpuffer notwendig.

Sollen nur selten und dann auch nur sehr wenige Daten digitalisiert werden, so kann dazu die Digitalisiermöglichkeit verwendet werden, die bei den meisten Flachbett-Plottern vorhanden ist. Hierzu wird statt des Zeichenstiftes eine kleine Lupe eingesetzt und der Zeichenarm mit der Lupe über die zu digitalisierenden Punkte gefahren. Häufig ist hierzu am Plotter eine eigene Steuervorrichtung in Form eines Steuerhebels oder von 4 Knöpfen (für oben, unten, links, rechts) vorhanden.

Zur Abtastung von 3-dimensionalen Objekten wie z.B. Werkstücken werden eine Reihe spezieller Digitalisierer, die in der Regel aus einem im Raum frei beweglichen Arm bestehen, gebaut. Ihr Aufbau, ihre Größen und Genauigkeiten sind jedoch so applikationsabhängig, daß es sich hierbei in der Regel um Spezialanfertigungen handelt.


### 4.2.8 Automatische Digitalisierer

*Automatische Digitalisierer* (*Scanner*) erlauben es, eine Vorlage automatisch abzutasten und die Daten in maschinenlesbarer Form zu speichern. In der Regel ist die Vorlage ein 2-dimensionales Bild. Der Scanner tastet diese Vorlage in Form eines Rasters zeilenweise ab. Das Ergebnis ist dann ein Rasterbild der Vorlage, wobei abhängig von der Ausstattung des Scanners die Information des einzelnen Rasterpunktes binär ist, d.h. hell-dunkel, als Grauwert oder aus Farbkomponenten und Grauwert besteht. Dieses Raster muß dann für eine spätere Weiterverarbeitung zwischengespeichert werden. Die anfallenden Datenmengen können bei guter Auflösung, großen Vorlagen und eventuell vorhandenen Grau- und Farbwerten durch ihr Volumen zum Problem werden. Eine Weiterverarbeitung der ursprünglichen Rasterdaten ist fast in allen Fällen notwendig und sei es auch nur, um Digitalisierungsfehler auszugleichen. Das Problem der Scanner liegt in dieser Nachverarbeitung, da in der Regel nicht das Rasterbild interessiert, sondern die darin enthaltene Information, sei es die Strichgraphik (Linienfolge) oder seien es komplexere Muster. Um diese Information aus der Rasterinformation zu gewinnen, ist in der Regel ein beträchtlicher Rechenaufwand notwendig. Nichteindeutigkeiten und Digitalisierungsfehler bedingen danach häufig eine interaktive Korrektur.

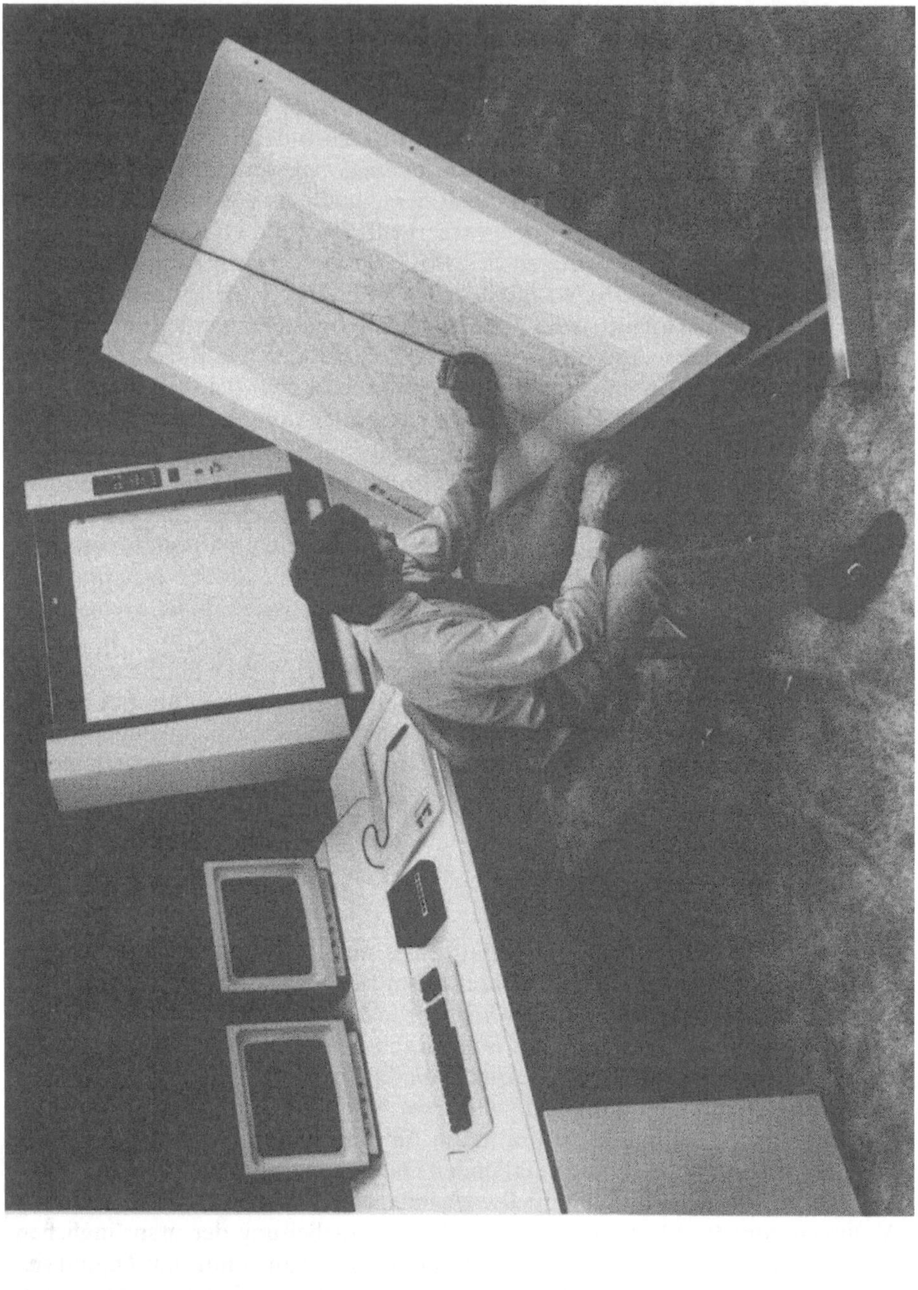

Abb. 4.25. Beispiel eines CAD-Arbeitsplatzes mit einem großflächigen Digitalisierer (aus CALCOMP, 1981)

Dieses hohen Aufwandes wegen und einiger noch nicht zufriedenstellend gelöster Probleme bei der Umwandlung der Rasterinformation in die Bildinformation, finden Scanner außer im Bereich der Kartographie bis heute im CAD-Bereich keine große Anwendung.

## 4.3  Eingabeecho

Im interaktiven Dialog zwischen Mensch und Maschine ist ein schnelles Echo als Reaktion der Maschine auf die Aktion (Eingabe) des Menschen ein wichtiges Glied. Entsprechend der Komplexität der Eingabe und der von der Maschine erwarteten Aktion sollte dieses Echo erfolgen. Gerade bei der graphischen Eingabe erlaubt dieses Echo häufig erst eine sinnvolle und genaue Eingabe. Man denke hier nur an die Eingabe einer Position durch eine Maus. Fehlt das Echo in Form eines Cursors oder eines Fadenkreuzes, so hat der Benutzer – wenn überhaupt – nur eine sehr grobe Vorstellung der eingegebenen Position. Erst durch die Rückkopplung über das Echo kann der Benutzer die gewünschte Position ermitteln.

Neben dem Vorhandensein eines solchen Echos erwartet er eine möglichst schnelle Reaktion des Echos auf seine Aktion. In unserem Beispiel heißt dies, daß der Cursor der Maus mit einer nicht spürbaren Verzögerung folgen muß. Hierzu ist entweder eigene Hardware, lokale Rechenkapazität oder eine enge, schnelle Kopplung zwischen Rechner und Peripherie nötig, mit der Reaktionsbereitschaft des Rechners schnell zu reagieren. Insbesondere wenn die der Eingabe folgende Aktion des Rechners längere Zeit in Anspruch nimmt, so daß der Benutzer des verzögerten Dialogs wegen nicht eindeutig erkennen kann, ob seine Eingabe angenommen wurde oder nicht, ist es wichtig, durch ein geeignetes Eingabeecho die Situation anzuzeigen. Dies kann entweder durch eine schnelle, für jede Eingabe extra programmierte, Reaktion des Programms (z.B. durch die Ausgabe eines Textes in der Form „*xxx wird berechnet*") oder standardmäßig durch ein geeignetes Echo einer abgeschlossenen Eingabe (z.B. Blinken des identifizierten Okjektes) erfolgen. Die letztere Lösung ist nicht nur schneller, sondern erfordert weniger Programmieraufwand und damit geringere Programmerstellungskosten. Der Nachteil liegt in der aufwendigeren Hard- oder Grundsoftware.

Bei dem Trend zur wachsenden Rechnerkapazität in den Sichtgeräten, – und nur diese sind für den schnellen graphischen Dialog geeignet – wird auch die Realisierung des Echos, was heute üblicherweise durch Software geschieht, in die *Firmware* verlegt werden, d.h. durch eine fest programmierte Realisierung mit Hilfe des oder der Mikrorechner des Sichtgerätes erfolgen.

Als Echo für die einzelnen logischen Eingabefunktionen sind heute üblich:

– Bei Eingabe einer Zeichenkette (*String*):

  – Echo der eingegebenen alphanumerischen Zeichen und Ausführung der Steuerfunktionen bei Steuerzeichen.
  – Bei lokaler Rechenkapazität bestehen häufig zeilen- oder Bildschirm-orientierte Editiermöglichkeiten wie Einfügen und Löschen von Zeichen oder Zeilen. Hängt die Dialogstation nicht direkt am Rechner, so wird teilweise durch

Leuchtdioden an der Tastatur angezeigt, ob die Zeile beendet und wann sie übertragen wurde.

– Identifikation eines Objektes (*Pick*):

  – Das identifizierte Objekt wird gekennzeichnet.
  – Als Markierungen sind gebräuchlich:

    – Blinken des Objektes
    – Aufhellen des Objektes
    – Farbänderung des Objektes
    – Markierung des Objektes durch Sonderzeichen
    – Ausführung der gewünschten Operation auf das Objekt, z.B. Drehung, Tracking.

– Eingabe einer Position:

  – Positionierung eines Cursors, Fadenkreuzes oder Tracking Cross.

– Eingabe eines (Analog-) Wertes (*Valuator*):

  – Anzeige des numerischen Wertes des Wertgebers an vorgebener Position

– Selektion (*Button*):

  – Kennzeichnung der gewählten Entscheidung, z.B. Aufleuchten oder Erlöschen des Knopfes der gedrückten Funktionstaste, Blinken des gewählten Menü-Elementes.
  – Anzeige des auf dem Tableau gewählten Menü-Elementes auf dem Bildschirm.

## 4.4 Trends in der CAD-Peripherie

Analog zum allgemeinen Trend in Rechnersystemen geht ein wesentlicher Trend bei der CAD-Peripherie zu einer höheren Parallelisierung und Aufgabenteilung durch den Einsatz mehrerer Prozessoren. Dies drückt sich in *lokaler Intelligenz* in Form von Mikroprozessoren in der Peripherie selbst aus. So werden zukünftig in allen CAD-Peripheriekomponenten ein oder mehrere relativ leistungsstarke Mikroprozessoren zu finden sein. Zusammen mit dem (durch ständig fallende Speicherpreise möglichen) im Gerät lokal vorhandenen Speichern erlauben sie eine bessere (schnellere, einfachere) Anpassung der Peripherie an die verschiedenen Anforderungen (wie unterschiedliche Rechnersysteme und lokale Gegebenheiten), schnellere und für den Benutzer komfortablere Erfüllung der Funktionen, bessere Fehlererkennung, Fehlerdiagnose und Fehlerbehandlung, größere Funktionalität und eine größere zeitliche und räumliche Unabhängigkeit von dem System, an welchem sie angeschlossen sind. Diese Aussage gilt für alle CAD-Geräte wie Sichtgeräte, Drucker, Printer-Plotter, Plotter sowie für komplexere graphische Eingabegeräte. Dies wird bewirken, daß bei etwa konstantem Preis die Leistung der Peripherie steigt, bzw. daß bei vorgegebener Leistung der Preis sinkt.

Der Trend der fallenden Hardwarepreise, der am stärksten dort spürbar wird, wo der Einsatz von Speichern sinnvoll ist und dort, wo Mechanik durch Elektronik ersetzt werden kann, hat jedoch, bedingt durch eine Reihe wirtschaftlicher Faktoren, eine Art „fiktive untere Grenze". Diese Grenze wird nach Aussagen der Hersteller durch feste Kosten wie Entwicklung, Werbung, Vertrieb, Wartung und Garantie sowie durch den notwendigen Verwaltungsaufwand vorgegeben und scheint u.a. abhängig von der Größe des Rechners zu sein, an welchen die Komponente angeschlossen werden soll. Für Komponenten einfacher und mittlerer Komplexität und für Mikro- und Kleinrechnerperipherie wie z.B. alphanumerische Sichtgeräte, kleinere Hauptspeichermoduln, DFÜ-Komponenten, Tableaus usw. liegt diese untere Grenze bei ca. DM 1 500–2 000. Diese Grenze dürfte in den kommenden Jahren durch die steigenden Personalkosten ebenfalls nach oben gehen.

Bei der Verwendung graphischer Eingabegeräte wird sich die Erkenntnis „Weniger ist mehr" durchsetzen, wobei vor allem das Tableau die Vielfalt der anderen Eingabegeräte zurückdrängt. Da sich mit ihm bei entsprechender Hardwareunterstützung alle logischen Eingabefunktionen relativ elegant realisieren lassen, dürften eine alphanumerische Tastatur und ein Tableau der Standard für die graphische Eingabe an CAD-Arbeitsplätzen werden.

Bei den Sichtgeräten werden sich hochauflösende Rastergeräte ( 1024 × 1024 bis 2048 × 2048) durchsetzen. Zu diesem Trend tragen zum einen der höhere Kontrast der Rastergeräte bei und zum anderen der stark fallende Preis des Speichers, der hierfür benötigt wird. Daneben wird Farbe mit ihrem zusätzlichen Informationsgehalt stärker als bisher in Sichtgeräten anzutreffen sein. Die hierzu wünschenswerten schnellen Hardcopy-Geräte sind in ausgereifter und wirtschaftlicher Technik in drei bis vier Jahren zu erwarten. Hier werden sowohl Geräte angeboten werden, die nach dem Photokopierverfahren arbeiten als auch solche, die nach dem Farbspritzverfahren (*ink-jet*) funktionieren. Die heute hier angebotenen Geräte arbeiten nach dem Polaroid-Verfahren.

Die ebenfalls nach dem Rasterprinzip funktionierenden Printer-Plotter werden weiter im Preis fallen und mit besserer Auflösung und besserer Qualität den konventionellen Plotter dort ablösen, wo eine schnelle Ausgabe gefordert wird, ohne daß es auf höchste Präzision ankommt. Dies gilt im CAD-Bereich vor allem für Werkpläne und technische Zeichnungen. Der fallende Preis der Einzelkomponenten erlaubt CAD-Arbeitsstationen großzügiger als bisher auszurüsten. So sind schon heute in einigen Stationen 2 Bildschirme anzutreffen, z.B. einer für den alphanumerischen Dialog und der zweite für den graphischen Dialog, oder aber um zugleich mehrere Ansichten des Objektes darzustellen. Ein weiterer Trend geht hin zu größeren Sichtgeräten.

# 5 Standardisierung im CAD-Bereich

Die stark steigenden Entwicklungskosten der Software und damit auch von CAD-Systemen und CAD-Anwendungsprogrammen verlangen eine hohe Portabilität solcher Softwarepakete. Portabilität setzt aber in der Regel Standardschnittstellen im Hardware- und im Softwarebereich voraus, wie sie heute im CAD-Bereich leider noch nicht gegeben sind. Die seit geraumer Zeit laufenden Bestrebungen, eine solche Normierung der Schnittstellen durchzusetzen, zeigten bisher nur einen sehr beschränkten Erfolg. Erst die kommenden 5 Jahre dürften hier sichtbare Ergebnisse liefern.

## 5.1 Standardisierung der Hardware

Die Standardisierung der Hardware beschränkt sich bis heute im wesentlichen auf die Normierung der physikalischen Geräteschnittstelle für Geräte mit bitseriellem Anschluß, d.h. langsamere Geräte. Die hier vorhandenen Normen wie V.24, IEEE 499, RS232 legen die Art und Höhe der verwendeten Spannungspegel oder Ströme sowie die Anzahl und Bedeutung der Verbindungsleitungen fest. Leider erlauben die Normierungen eine sehr große Variationsbreite, so daß diese von den verschiedenen Herstellern zu unterschiedlichen Funktionen benutzt werden können und damit einer Einheitlichkeit zuwiderlaufen.

Abhängig von Art und lokaler Rechenfähigkeit der Geräte liegt über der Schicht der rein physikalischen Schnittstelle eine Schicht, in welcher die über die Leitung kommende (serielle) Bitfolge interpretiert wird. Hierin sind Synchronisationsart (synchron, asynchron), Anzahl und Art der Start-, Informations-, Parity- und Stop-Bits festgelegt. Die wenigen Standards, die hier anzutreffen sind, sind allgemein anerkannt und eine Anpassung läßt sich bei den neueren Geräten in der Regel durch Schalter vornehmen. Dazu gehört die Festlegung der Übertragungsrate. Auch sie ist heute einfach durch einen Schalter oder durch Software einstellbar.

In der nächsten Schicht wird der Zeichencode sowie die Art des Protokolls festgelegt. (Diese Schicht wird teilweise auch getrennt). An Codes sind ASCII und EBCDIC als Standard anerkannt, einige Hersteller (z.B. UNIVAC, CDC) benutzen daneben jedoch noch eigene Codes.

Für die Verständigung zwischen Rechner und Dialogstation (z.B. Sicherungsprozedur) gilt die in Abschn. 3.6 beschriebene Vielfalt. Bei schnelleren Geräten oder Geräten mit Parallelanschluß werden in der Regel uneinheitliche, rechnerspezifische Prozeduren verwendet.

In einer weiter oben liegenden Schicht ist festgelegt, wie die übertragene Information zu interpretieren ist (z.B. welche Folge von Steuerzeichen den Bildschirm löscht, wie ein Vektorbefehl kodiert ist). Hier ist die größte Vielfalt und damit Inkompatibilität anzutreffen. Es gibt nicht nur Unterschiede bei den Geräten unterschiedlicher Firmen, sondern selbst bei unterschiedlichen Geräten der gleichen Firma. Dem starken Wunsch der Gerätebenutzer stehen hier die Firmeninteressen am stärksten entgegen. Bei einfacheren graphischen Sichtgeräten hat sich teilweise ein Quasi-Standard durch die Dominanz der Firma Tektronix auf dem Bereich der Speicherbildschirme etabliert, der vor allem von anderen kleineren Firmen übernommen wurde, um mit Billiggeräten in diesen Markt einzudringen. Sie emulieren die Software-Hardware-Schnittstelle der Tektronix-Geräte (TEKPLOT-10-Schnittstelle). Ein zweiter Quasi-Standard wird durch den Marktführer IBM vorgegeben.

Normierungsarbeiten zur Definition eines *virtuellen Terminals* sind für den europäischen Raum noch im Gange. Einige Kritiker sind hierbei jedoch der Meinung, daß eine solche Normierung sowie deren Emulation (auf vorhandenen Geräten) weder sinnvoll noch möglich sei.

Ein ANSI-Standard für Terminalsteuerungen (X3.41, 1974) und (X3.64, 1977) existiert bereits, hat jedoch bisher nur wenig Verbreitung gefunden. Eine Definition der Steuercodes eines *virtuellen graphischen Terminals* ist noch nicht in Angriff genommen und wird somit noch länger auf sich warten lassen. Eine einheitliche Schnittstelle für schnelle und komplexere Geräte, welche in der Regel direkt über einen Kanal gekoppelt sind, ist heute nicht abzusehen.


## 5.2 Standardisierung im Softwarebereich

Da Softwarekosten teilweise bereits heute, im verstärkten Maße aber in der Zukunft über die Hardwarekosten dominieren werden (Boehme, 1976), ist gerade im Softwarebereich eine Standardisierung notwendig, um eine hohe, d.h. kostengünstige Portabilität von Anwendungsprogrammen zu erreichen. Der Portabilität von Programmen im CAD-Bereich stehen hauptsächlich 3 Hindernisse entgegen:

– Probleme der Programmiersprache
– Unterschiede in den Betriebssytemen
– Unterschiede in den Grundsoftwaresystemen.


### 5.2.1 Sprachprobleme

Die bei der Programmierung von CAD-Anwendungen verwendeten Sprachen können zwei Portabilitätsprobleme bieten:

– Unterschiede in den Implementierungen einer Programmiersprache
– unterschiedliche Programmiersprachen.

Als *Standardprogrammiersprache* für CAD-Anwendungen hat sich in den vergangenen Jahren FORTRAN eingebürgert. So werden fast alle heute laufenden

CAD-Entwicklungen in FORTRAN erstellt. Für FORTRAN sprechen Verbreitung und die Verfügbarkeit auf fast allen Rechnern (auch Mikros) sowie eine weitgehende Standardisierung. Leider galt diese Standardisierung bisher nur für FORTRAN IV, welches eine sehr frühe Standardisierung (1966) darstellt. Praktisch jede FORTRAN-Implementierung enthält heute nicht standardisierte Erweiterungen, welche der Portabilität entgegenstehen. Mit einem neuen FORTRAN-Standard (FORTRAN-77) wurde der Versuch gemacht, eine neue einheitliche Schnittstelle zu erreichen. Leider sind jedoch einige Firmen wie IBM nicht bereit, diesen neuen Standard zu übernehmen. Ein gewichtiger Nachteil von FORTRAN ist das Fehlen von moderneren Programm-Strukturierungen und von komplexeren Datenstrukturen, wie sie gerade im CAD-Bereich benötigt werden (auch FORTRAN-77 kommt solchen Forderungen nur sehr bedingt nach).

Beides ist in PL/1 vorhanden. Der Nachteil von PL/1 liegt aber in der stark eingeschränkten Verfügbarkeit, vor allem auf kleineren Rechnern.

Betrachtet man die Programmiersprache PASCAL, so findet man sowohl ihre Verfügbarkeit auf den meisten Rechnern, sowie Sprachmöglichkeiten für *Strukturiertes-Programmieren* und komplexere *Datenstrukturen*. Darüberhinaus ist eine starke Einhaltung des PASCAL-Standards anzutreffen. Wegen dieser Faktoren erscheint PASCAL als geeignete Ablösesprache von FORTRAN zur Erstellung von CAD-Anwendungen; hinderlich ist die Ablehnung von PASCAL durch IBM, schwache Formatierungsmöglichkeiten für die Ein- und Ausgabe, eine sehr eingeschränkte Dateibehandlung und mangelnde Konstrukte für die Textverarbeitung.

Als neue, von der Struktur und den Sprachmöglichkeiten wie

- abstrakte Datentypen
- Strukturierung
- Modularisierung
- Unterstützung von Realzeit-Anwendungen

her für CAD sehr geeignete Sprache erscheint heute die von dem U.S. Department of Defence (DOD) forcierte Programmiersprache ADA. Übersetzer werden jedoch erst ab 1983 verfügbar sein. ADA dürfte daher erst ab etwa 1984 oder 1985 für CAD-Anwendungen eingesetzt werden.

## 5.2.2 Unterschiede in Betriebssystemen

Die Unterschiede in Betriebssystemen gleicher und unterschiedlicher Hersteller sind heute derart gravierend, daß hier auf lange Zeit hinaus keine Standardisierung zu erwarten ist. Die Unterschiede tangieren den CAD-Bereich dort, wo für einen schnellen Dialog besonders im graphischen Bereich bestimmte Realzeit-Eigenschaften notwendig sind. Die von den einzelnen Betriebssystemen angebotenen Funktionen haben sich hier in den letzten Jahren erfreulicherweise so weiterentwickelt, daß zumindest eine über dem Betriebssystem liegende CAD-Grundsoftware die Unterschiede der einzelnen Betriebssysteme dem Benutzer gegenüber weitgehend verbergen könnte, so daß zur Übertragung eines CAD-Softwarepaketes nur diese zur Verfügung gestellt werden oder neu erstellt werden muß.

Eine andere unangenehme Erscheinung, welche durch fehlende Normierung bzw. Kompatibilität der Betriebssysteme hevorgerufen wird, entsteht, wenn die Benutzer an mehreren Rechnern (mit unterschiedlichen Betriebssystemen) arbeiten müssen oder den Rechner wechseln. Die Bezeichnungen der einzelnen Funktionen (wie z.B. das Anmelden beim Rechner, das Ausdrucken von Dateien, das Edieren, das Sichern oder Duplizieren von Dateien, die Steuersprache, die Schnittstelle zwischen Progamm und Betriebssystem usw.) und deren Syntax ist dabei selbst bei Betriebssystemen des gleichen Herstellers häufig so verschieden, daß ein gründliches Neulernen nötig ist. Auch hier versucht ADA (Abschn. 5.2.1) eine Verbesserung zu erzielen, indem es eine Programmierumgebung (Programming Environment) vorgibt. (Dieser Teil der Definition ist bis Ende 1982 noch nicht abgeschlossen.)

### 5.2.3  Grundsoftwaresysteme

Unter CAD-Grundsoftwaresystem soll hier eine Schicht verstanden werden, die zwischen dem Betriebssystem und dem CAD-Anwendungsprogramm liegt. Der Anwendungsprogrammierer kann sich der von ihr zur Verfügung gestellten Funktionen bedienen, ohne diese für jedes Programm erneut erstellen zu müssen.

Eine graphische Grundsoftware würde hierbei Funktionen wie *Zeichnen einer Linie, Zeichnen eines Kreises, Ausgabe einer Zeichenkette an einer vorgegebenen Bildschirmposition* als primitive und höhere Funktionen wie *Beginn eines logischen Bildsegmentes, Löschen eines Bildsegmentes* sowie Möglichkeiten der graphischen Interaktion anbieten. Über dieser Schicht sind dann weitere applikationsspezifische Schichten denkbar wie das *Zeichnen von Höhenlinien* für die Kartographie, die Erstellung von Statistiken (Kurven, Balkendiagramme), Möglichkeiten von Schichten- und Modellbildungen für Körper. Die Zahl und Art solcher Grundsoftwaresysteme und Anwendungspaketen ist heute überaus groß und kaum überschaubar. Dabei haben nur sehr wenige Systeme eine größere Verbreitung gefunden. Die beiden (graphischen, nicht CAD-spezifischen) Pakete, welche hier am bekanntesten sind und sich als eine Art Quasi-Standard eingeführt haben, sind als ältestes die Plot-Grundsoftware von der Firma Calcomp, welche rein ausgabeorientiert ist und für unstrukturierte Plotausgabe gedacht ist sowie das PLOT-10-Paket der Firma Tektronix, welches einfache Interaktionen erlaubt. Leider bieten beide Pakete nicht ausreichende Grundfunktionen, so daß sehr viele nicht kompatible Erweiterungen hierzu existieren.

Die Aufgabe einer graphischen Grundsoftwareschicht muß die Abstraktion von bestimmten Eigenschaften der angeschlossenen Geräte sein, so daß dem Programmierer eine Art *virtuelle* Dialogstation dargestellt wird.

Eine solche Abstraktion sowie die Definition einer ausreichend umfangreichen und komfortablen Schicht versuchen die beiden neueren Normentwürfe, welche dem ISO-Normungsausschuß vorgelegt wurden. Beim ersten Entwurf handelt es sich um das GKS-System, welches von einer europäischen Normungsgruppe entworfen wurde und ein rechner- und geräte-unabhängiges Softwarepaket für 2-dimensionale Strich- und Rastergraphik vorschlägt, sowie das CORE-System (CORE, 1979), welches von der Graphikgruppe der ACM (*Association for Computing Machinery*) entwickelt wurde und einen Vorschlag für ein Rechner- und Geräte-unabhängiges Paket für 2- und 3-dimensionale Graphik darstellt. Hierbei scheint das GKS-System mit Erweiterungen für 3-dimensionale Graphik und mit einigen Modifikationen seines fortgeschritteneren Entwicklungsstandes wegen bessere Chance zu haben, zur Normierung angenommen zu werden. Die Norm selbst wird frühestens 1983 verabschiedet, und es bleibt abzuwarten, inwieweit sie von den größeren Firmen, welche inzwischen alle eigene Grundsoftware anbieten, akzeptiert wird.

Ein Teil des GKS-Normentwurfs (Enderle, 1979) befaßt sich mit der Geräte-, Betriebssystem-, und Rechner-unabhängigen Speicherung von graphischer Information (*Metafile*) auf Magnetband und soll es ermöglichen, auch bei uneinheitlichen Systemen zumindest graphische Bildinformation relativ einfach von einem System in das andere übertragen zu können. CAD-spezifische Grundsoftwaresysteme haben bisher leider keine über die speziellen Hersteller hinausgehende Verbreitung gefunden. Dies mag daran liegen, daß nur sehr schwer eine Einigung gefunden werden kann über die Modelle, welche solchen Systemen zugrundeliegen. So sind Applikationspakete, welche auf einem vorhandenen CAD-System implementiert sind, so gut wie nie portabel.

Es gibt eine ganze Reihe weiterer Schnittstellen, welche zumindest aus der Sicht des Anwenders heraus normiert sein sollten. Als Beispiel sei hier das Magnetbandformat angeführt. Die hier zwar vorhandenen Normen erlauben aber leider einen so weiten Spielraum für Hersteller- bzw. Betriebssystem-spezifische Auslegungen, daß es selbst hier eine ganze Reihe von Portabilitätsproblemen gibt. Auch für die Formatierung bzw. die Darstellung von Daten (zur Eingabe oder als Ausgabe von Programmen) sind Normen sinnvoll, so daß Anpassungen der Daten (als Zwischenergebnisse) für Programme automatisch möglich wären. Heute erfolgt diese Aufbereitung zumeist für jedes einzelne Programm getrennt über sogenannte *Prä-Prozessoren* oder *Post-Prozessoren* (mit Prozessor ist hier ein Programm gemeint). So gibt es auf fast allen CAD-Systemen solche Konvertierungsprogramme, die z.B. die Daten, welche durch ein Zeichnungs-Erstellungs-System (*Drafting-System*) erstellt wurden, mehr oder weniger automatisch so aufbereiten, daß sie als Eingabe für die unterschiedlichen Finite-Element-Berechungs-Pakete dienen können. Dies sind dann für das Drafting-System Post-Prozessoren, für die FEM-Pakete (*Finite Element Methode*) Prä-Prozessoren. Weitere normierte Schnittstellen fehlen auch für andere Weiterverarbeitungsprogramme, wie im NC-Bereich oder im Vorbereich des CAD für maschinell erfaßte (oder manuell digitalisierte) Daten. Dies führt dazu, daß häufig ein durchgängiges (integriertes) CAD-System aus vorhandenen Teilsystemen nur unter Verwendung vieler Konvertierungen zusammengesetzt werden kann, wobei häufig ein Teil der Transformation nur unvollständig möglich ist. Das System ist entsprechend fehleranfällig, langsam und benutzerunfreundlich.

# 6 Einsatzmöglichkeiten für CAD

Die Einsatzmöglichkeiten des CAD sind derart vielfältig und branchenspezifisch, daß auf ihre vollständige Aufzählung hier verzichtet werden soll. Ein Überblick wird in Encarnacao(1975) gegeben. Es wird statt dessen der Versuch gemacht, die CAD-Anwendungen von ihrer Nutzung der Möglichkeiten des Rechners her zu klassifizieren.

Der Rechner ist mit den auf ihm laufenden Programmen heute dem Menschen bei folgenden Vorgängen überlegen:

a) Speicherung, Abruf und Verarbeitung großer Informationsmengen
b) schnelle Ausführung vieler relativ einfacher Operationen (algorithmisch beschreibbarer Operationen). Aufwendige Berechnung und das Durchspielen einer großen Anzahl von kombinatorischen Möglichkeiten
c) Steuerung von sich wiederholenden oder ähnelnden einfachen mechanischen Funktionen
d) Ständige Überwachung von Prozessen mit vorgegebenen Grenzwerten.

Für den CAD-Einsatz erscheinen dabei primär die Punkte a) bis c) relevant, während im CAM-Bereich c) und d) eine Rolle spielen. In der Regel wird in einer Anwendung natürlich nicht nur eine der genannten Fähigkeiten benutzt, sondern eine Kombination der aufgezählten Möglichkeiten. Deshalb soll die nachfolgende Analyse die dominierende Funktion betrachten und Beispiele für ihren Einsatz nennen.

## 6.1 Informationsverarbeitung

Die inbesondere in der Wirtschaft anfallenden und notwendigen Informationsmengen zeigen eine ständig wachsende Tendenz. Um konkurrenzfähig bleiben zu können, benötigen viele Firmen bereits im mittelständischen Bereich größere Informationsmengen, auf die sie schnell und einfach zugreifen können und die ständig aktuell sein sollten. Das hierbei auftretende Aktualisierungsproblem der Daten legt in vielen Bereichen eine Datenhaltung in Form einer zentralen Datenbank nahe, worauf der Benutzer über Datenfernverarbeitung zugreifen kann. Der CAD-Benutzer arbeitet dann mit einem System verteilter (d.h. zentralen und lokalen) Datenbanken. Modelle solcher Datenbanken sind bereits entwickelt und befinden sich im Test. Der zu erwartende Fortschritt im Bereich der DFÜ und der Rechnernetze läßt eine derartige Benutzung ab etwa 1984 erwarten.

Anwendungen dieser primär informationsverarbeitenden Fähigkeit des Rechners bieten sich beim Entwurf in der Elektronik, beim Maschinenbau und im Bauwesen, wo häufig auf Daten von Elementen zugegriffen werden muß, wie Art, Kenndaten, Lieferfirma, Verfügbarkeit von Bauelementen, Halbfertiggruppen oder ganzen Einheiten. Diese Fähigkeit läßt sich auch extensiv bei denen im Vorbereich vieler Konstruktionen liegenden Aufgaben der Informationssammlung und Auswertung einsetzen (z.B. Statistiken über Fehlerquellen und Fehlerhäufigkeiten, Feststellung von Bedarfswerten) und von Informationssystemen (z.B. Suchen nach einem Lieferanten mit kleinsten Preisen oder schnellster Lieferung; Suchen, ob Bauteil mit vorgegebenen Daten verfügbar; Abfragen, ob Konstruktion mit ähnlichem Problem oder ähnlichen Daten bereits durchgeführt; Erstellung von Einzelteillisten für Baugruppen, Lagerbestandsabfragen, das Halten von Adreßlisten von möglichen Lieferfirmen).

Als Einsatzbeispiel sei ein Netzplansystem angeführt. Der Rechnereinsatz lohnt sich hierbei nur bei größeren Netzplänen. Die Erstellung des Netzplanes ist mit dem Rechner etwas aufwendiger als bei rein manueller Ausführung, da ein manueller Grobentwurf in der Regel zusätzlich notwendig ist. Der Vorteil bei der Erstellung durch Rechner besteht in einer schnelleren und vollständigeren Übersicht und einer sofortigen Konsistenzprüfung.

Auch während der Durchführung des Projekts bedeutet die Rechnerbenutzung einen größeren Aufwand, da die bekannt werdenden Daten in den Rechner eingegeben werden müssen. Der Einsatz des Rechners bringt hier jedoch den Vorteil, daß die Konsequenzen von Terminverschiebungen vollständig und schnell durch den Rechner ermittelt werden können, kritische Pfade in kürzester Zeit berechnet sind, Planänderungen schnell und vollständig durchgeführt werden können, und korrigierte Plandaten schnell und preiswert (Drucker) zur Verfügung stehen. Bei diesem Beispiel liegt daher der Vorteil des Rechnereinsatzes in keiner direkt quantifizierbaren Kosteneinsparung, sondern in einer nur schwer in monetären Vorteilen auszudrückenden Aktualität (und Korrektheit) der Planungsunterlagen.

## 6.2 Berechnungen

Der Rechner ist heute nicht nur in der Lage, schneller, länger und genauer als der Mensch zu rechnen, er erlaubt auch Berechnungen, bei denen der Mensch der Komplexität wegen sehr schnell den Überblick verlieren würde. Er ist dem Menschen vor allem dort überlegen, wo Berechnungsvorgänge sehr oft oder für eine Vielzahl von Objekten durchgeführt oder kombinatorische Variationen geprüft und bewertet werden müssen, sofern sich diese Bewertungen eindeutig algorithmisch beschreiben lassen.

Ein Einsatzbeispiel dieser Fähigkeit stellt die *Finite-Element-Berechnung* dar, wobei Verformungsberechnungen für eine sehr große Anzahl von elementaren Strukturelementen durchgeführt werden. Diese Berechnungen sind heute jedoch auch bei großen und schnellen Rechnern so aufwendig, daß sie nicht mehr im Dialog erfolgen können, da die Rechenzeit mehrere Stunden betragen kann.

Vor allem im technischen Bereich sind zahlreiche Einsatzbeispiele der Berechnung zu finden wie statische Berechnungen von Konstruktionen, Berechnungen von Flächen, Volumen, Gewichten, Festigkeiten, kritischen Werten, kritischen

Pfaden in Netzplänen, Berechnung von optimalen Wegführungen von Rohrleitungen, Leiterbahnen, Verkehrswegen, Berechnung von optimalen Formen im Fahrzeug- und Schiffbau, sowie bei der Simulation mit Modellen.

Der Rechnereinsatz ist in der Regel dann für den Anwender vorteilhaft, wenn auf fertige Algorithmen, Konstruktionen oder Muster zurückgegriffen werden kann und nur wenige Kenndaten neu eingegeben oder geändert werden müssen. Ein Beispiel hierfür ist die Variantenkonstruktion, wo auf einen fertigen Getriebeentwurf zurückgegriffen wird und nur das Übersetzungsverhältnis oder neue Lastbedingungen eingegeben werden.

Ist das Berechnungsmodell für die durchzuführende Konstruktion einmal im Rechner (entweder aus älteren Berechnungen oder neu für die Konstruktion erstellt) und sind die wichtigsten Randbedingungen festgelegt, so erfolgt die eigentliche Berechnung in der Regel im Vergleich zur herkömmlichen manuellen Berechnung außerordentlich schnell. Dies wiederum erlaubt, mit nur geringem Mehraufwand eine Reihe von Variationen durchzuspielen und aus diesen die optimale Lösung auszuwählen. Dies macht keinesfalls den Ingenieur und dessen Erfahrung überflüssig, sondern befreit ihn lediglich von einem großen Teil des Rechnens. Er muß immer noch die Modellbildung durchführen bzw. die Gültigkeit vorhandener Modelle prüfen, die Korrektheit der Ergebnisse des Rechenlaufes untersuchen, Entwurfsentscheidungen fällen und die Brauchbarkeit der resultierenden Konstruktionen bewerten.

Sind für jede einzelne Berechnung umfangreiche Eingabedaten notwendig, lohnt der Rechnereinsatz häufig nur dann, wenn diese Daten bereits in maschinenlesbarer Form vorliegen oder maschinell (z.B. Schriftleser oder Scanner) erfaßt werden können.

Als Beispiel sei eine Berechnung aus dem Bereich der Baustatik angeführt. Für das in Abb. 6.1 dargestellte Brückenprojekt war ein Leergerüst zu berechnen. Das Leergerüst trägt die Konstruktion in der Bauphase. Diese Berechnung dauert bei konventionellem Vorgehen etwa:

- 1/2 Tag Erstellung eines Berechnungsmodells
- 1/2 Tag Entnahme der Berechnungsdaten aus der Zeichnung (Abb. 6.1) und aus den Materialtabellen
- 4–5 Tage Berechnung von Statikwerten (möglichen Spannweiten, Materialstärken usw.)
- 1/2–1 Tag Darstellung der Ergebnisse.

Beim Einsatz eines CAD-Systems mit einem angepaßten Programmsystem für statische Berechnungen ergibt sich folgender Aufwand:

- 1/2 Tag Erstellung eines Berechnungsmodells
- 1/2 Tag Entnahme der Berechnungsdaten aus der Zeichnung und Eingabe in den Rechner. Diese Aufgabe kann dabei etwas schneller als beim konventionellen Vorgehen erfolgen, da die Materialtabellen bereits im Rechner gespeichert sind, so daß hier nur die Materialart und Dimensionierung anzugeben ist.
- 5–10 Min. Berechnung der Statik
- 5–10 Min. Darstellung der Ergebnisse über einen Plotter (Abb. 6.2).

Es ergibt sich hieraus ein Gewinn „manuell/maschinell" von etwa 5/1 bis 6/1. Die Vorteile des maschinellen Verfahrens liegen darüberhinaus darin, daß die Be-

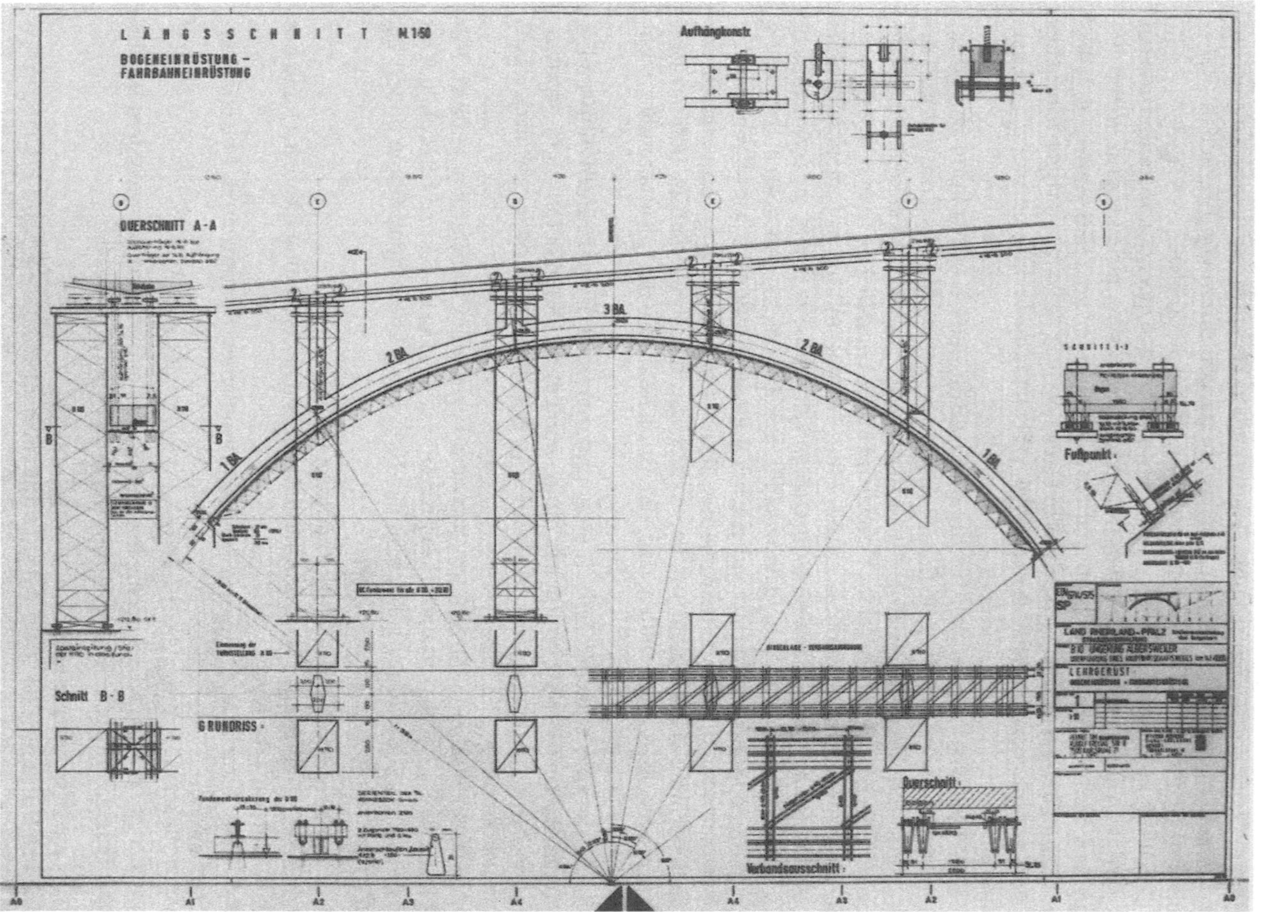


Abb. 6.1. Vorlage einer Brückenkonstruktion als Basis für eine Statikberechnung

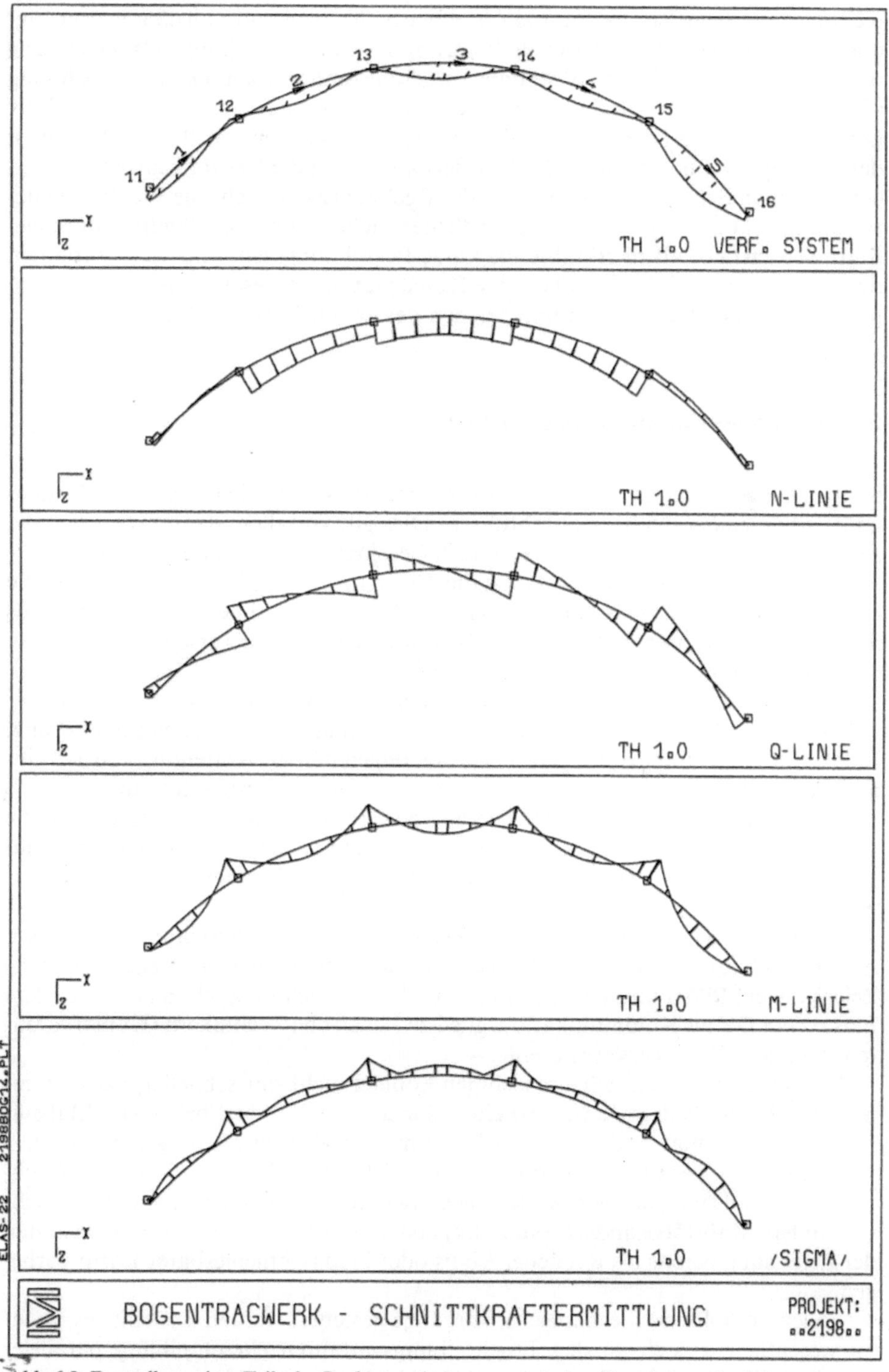



Abb. 6.2. Darstellung eines Teils der Rechenergebnisse zur statischen Berechnung des Lehrgerüstes zu Abb. 6.1 (aus Burkert, 1982)

rechnung mit dem Rechner um ein Vielfaches genauer und vollständiger erfolgt und Übertragungsfehler zwischen Berechnung und Darstellung (als Zeichnung oder in Tabellenform) fast vollständig ausgeschlossen werden. Da die Berechnung und Darstellung sehr kurzfristig möglich ist, erlaubt dieses Verfahren mit relativ geringem Aufwand eine Variantenberechnung (im konventionellen Verfahren ist der Aufwand dafür 4–5 Tage). In dem Beispiel betrug die Gesamtbearbeitungszeit der statischen Berechnungen mit Hilfe des Rechners zwar auch eine Woche, die Berechnungen konnten jedoch weit gründlicher, sicherer und vollständiger durchgeführt werden. Vor allem erlaubte die kurze Berechnungszeit, sehr viele Varianten durchzuspielen, so daß schließlich eine Konstruktion vorgeschlagen werden konnte, deren Kosten beträchtlich unter denen des ersten Entwurfs lagen.

## 6.3 Steuerung von mechanischen Funktionen

Sind einfache mechanische Funktionen zu steuern, so läßt sich dies häufig kostengünstig von einem Rechner durchführen. Dies gilt vor allem dann, wenn sich die Funktionen (Bewegungen) relativ einfach beschreiben oder zerlegen lassen.

Ein typischer Einsatz dieser Art ist die Textverarbeitung, in der der Rechner die Funktion des Schreibmaschinenschreibens (Druckens) schneller und billiger als der Mensch ausführen kann. (Dieser Test durchlief z.B. für verschiedene Zwecke 3 größere Modifikationen.)

Neben dem reinen *Schreiben* ist er dabei schneller und vollständiger als der Mensch in der Lage, Textformatierungen wie Randausgleich, Seitennumerierung, Indexierung, Textduplizierungen, Textersetzungen und die Aufteilung von Textabschnitten auf Seiten vorzunehmen. Dieses Buch ist ein Beispiel hierfür.

Wie bereits oben gesagt, bietet sich hier der größte Vorteil, wenn häufig auf die gleichen Daten (Texte) zurückgegriffen werden kann, oder wenn häufige Änderungen die wiederholte Ausgabe des gleichen Textes mit kleineren Änderungen notwendig macht.

Neben dem Schreiben läßt sich der Rechner effektiv zur Erstellung und Ausgabe von Zeichnungen einsetzen. Gerade beim Entwurf fallen in der Regel zahlreiche Zeichnungen, Bilder und Diagrammme an, da die Zeichnung schon lange vor dem Einsatz der DV als Kommunikationsglied zwischen den Technikern (Konstrukteuren, Kunden, Handwerkern) diente.

Rechnergesteuerte Zeichenmaschinen können nicht nur schneller, exakter, reproduzierbarer als der Mensch arbeiten, sondern auch in fast beliebigen Maßstäben (Mikrofilmplotter, Zeichenmaschinen mit Größen bis zu einigen Metern).

Auch hier ist der Einsatz besonders dann wirtschaftlich, wenn die gleiche Zeichnung mehrmals mit geringen Änderungen (andere Teilzeichungen, andere Ansichten, andere Maßstäbe, andere Symbolik) erstellt werden soll, oder wenn die Daten der Zeichnung bereits als Rechenergebnis oder in maschinenlesbarer Form vorliegen.

Sollen komplexere mechanische Vorgänge gesteuert werden, so fehlte es bisher im wesentlichen noch an den Beschreibungsverfahren (Beschreibung paralleler Vorgänge, Beschreibung der gegenseitigen Abhängigkeiten). Darüberhinaus ist die

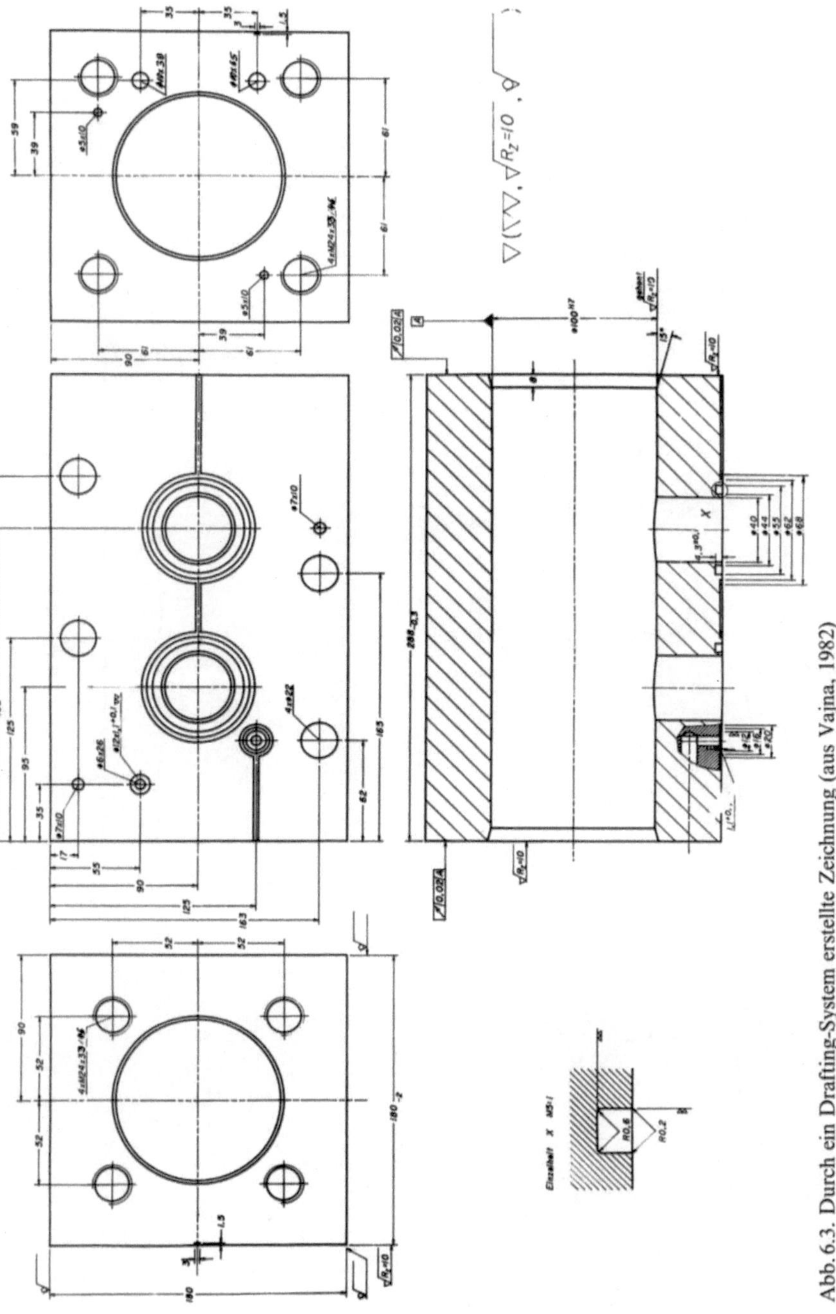

Abb. 6.3. Durch ein Drafting-System erstellte Zeichnung (aus Vajna, 1982)

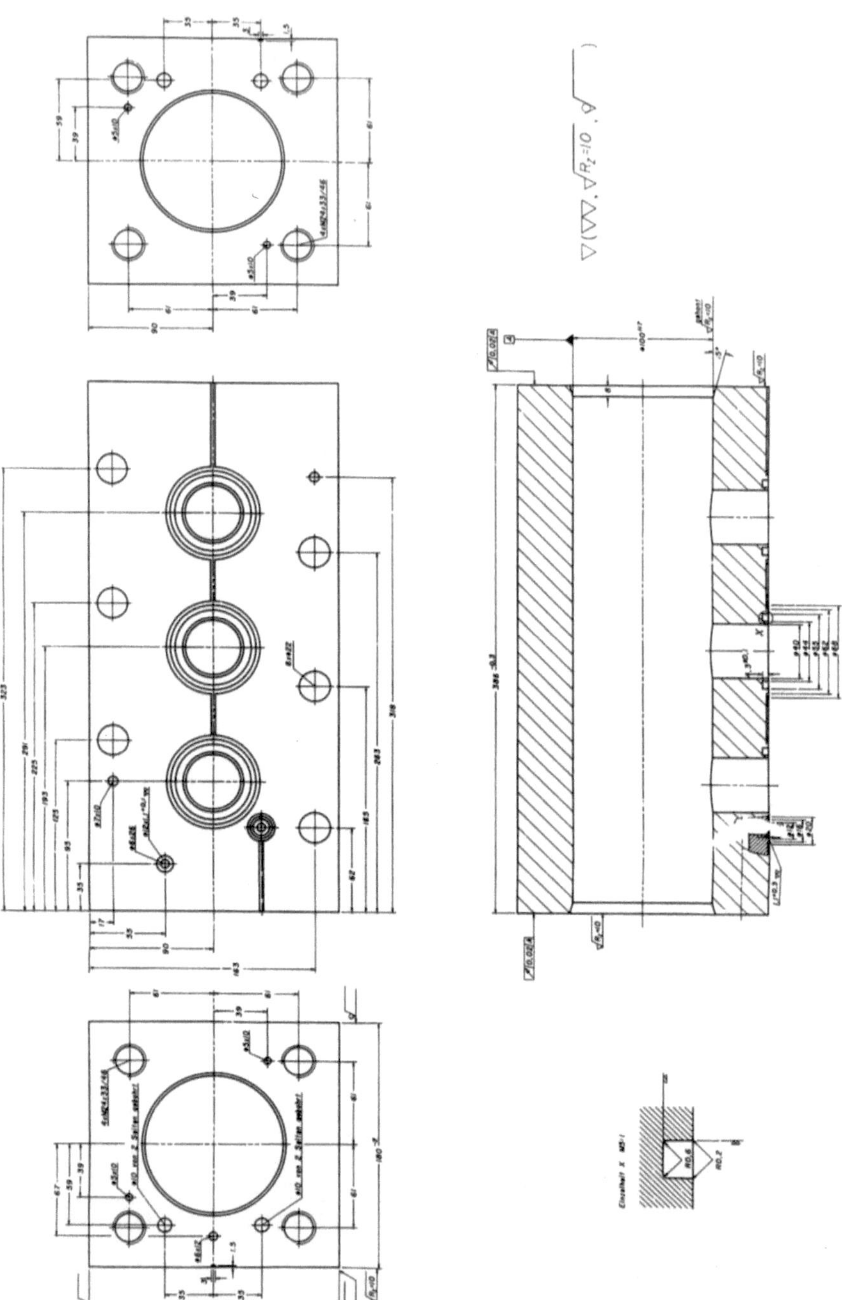

Abb. 6.4. Modifizierte Zeichnung zu Abb. 6.3 (aus Vajna, 1982)

notwendige Mechanik (Roboter) heute für kleinere und mittlere Betriebe in den meisten Fällen noch zu teuer.

Als Beispiel sei die Erstellung einer technischen Zeichnung aus (Vajna, 1982) angeführt. Für die in Abb. 6.3 dargestellte Zeichnung eines Gehäuses benötigte ein technischer Zeichner auf die konventionelle manuelle Art 4.40 Stunden. Die Erstellung der gleichen Zeichnung bedurfte auf einem CAD-Zeichnungssystem (*Drafting System*) 1.58 Stunden, wobei auf die Eingabe etwa 1.4 Stunden und auf die Zeichnungsausgabe auf dem Plotter 10 Minuten entfielen.

Wir haben hierbei das Verhältnis

$$\text{manuelle} \;/\; \text{maschinelle Erstellung} \;=\; 4.41 \;/\; 1.56 \;\approx\; 2.8.$$

Kann beim Entwurf auf eine im Rechner gespeicherte Konstruktion zurückgegriffen werden, so verkürzt sich der Zeitaufwand auf dem Rechner erheblich. So bedarf es für die Erstellung der geänderten Konstruktion (Abb. 6.4) manuell 5.18 Stunden, bei Neuerstellung mit Rechnerunterstützung 1.85 Stunden, und bei einer Modifikation der in Abb. 6.3 gezeigten Zeichnung in die Zeichnung von Abb. 6.4 nur 59 Minuten. Wir erhalten hierbei das Verhältnis

$$\text{manuelle Erstellung} \;/\; \text{maschinelle Modifikation} \;=\; 5.18 \;/\; 0.94 \;\approx\; 5.2$$

d.h. einen weiterer Verbesserungsfaktor von

$$5.2 \;/\; 2.8 \;\approx\; 1.85$$

gegenüber der Neueingabe.

# 7 Beispiele typischer CAD-Systeme

Bei der Beschaffung eines CAD-Systems ist zunächst genau festzulegen, welche Aufgaben mit dem Rechner- und CAD-System zu lösen sind, um daraus ein Hardware- und Softwareprofil der Anlage abzuleiten. So ist die Frage zu klären, ob neben der reinen CAD-Anwendung noch weitere Aufgaben wie z.B. Finanzbuchhaltung, Lagerbuchhaltung, Bestellwesen, usw. betrieben werden sollen und welche Prioritäten die einzelnen Funktionen besitzen werden. Soll kein sehr einfacher CAD-Arbeitsplatz beschafft werden, so sind die in den CAD-Systemen vorhandenen Zentraleinheiten von der Rechenkapazität her durchaus in der Lage, zumindest in Randzeiten solche Aufgaben mit zu übernehmen. Dies wird für die Zukunft noch in verstärktem Maße der Fall sein. Durch eine solche Mehrfachfunktion kann vor allem die beim Stand-Alone System teure Peripherie besser genutzt und damit wirtschaftlicher eingesetzt werden.

In einem nächsten Entscheidungsschritt ist die Wahl zwischen einem Stand-Alone System (eventuell mit einer langsameren Kopplung zu anderen Rechnersystemen) und einem CAD-Arbeitsplatz mit „lokaler Intelligenz" und lokaler Peripherie, aber einer schnellen Kopplung zu einem größeren Rechnersystem zu fällen, d.h. die Wahl zwischen der dezentralen und der zentralen Lösung zu treffen. Bei dieser Entscheidung gehen als wichtigste Faktoren neben dem Vorhandensein eines solchen Rechnersystems folgende Bedingungen ein:

- Anschlußkosten
- Kosten für Rechenleistung, Dialogzeit und Peripheriebelegung
- Leitungskosten (Diese werden heute primär durch die Entfernung, die Übertragungsraten und die Verbindungszeiten, künftig primär durch die übertragene Informationsmenge bestimmt.)
- durch den Anschluß geschaffene Abhängigkeiten von Betriebszeiten, Betriebsart und Restriktionen des Wirtsrechners
- Software, die auf dem Wirtsrechner zur Verfügung steht und eventuell dort zentral gewartet wird.

Mittelständische Unternehmen sind heute nicht in der Lage bzw. können es nur in wenigen Fällen wirtschaftlich vertreten, größere Anwendungsprogramme selbst zu erstellen oder deren Erstellung alleine zu finanzieren, wenn man von sehr kleinen Programmen und von Anpassungen im geringeren Umfang absieht. Selbst große Unternehmen (z.B. die Volkswagen AG) gehen dazu über, nur noch fertige Softwarepakete zu kaufen bzw. anpassen zu lassen.

Damit wird heute und in naher Zukunft – solange der in Kap. 5 beschriebene Zustand weitestgehender Inportabilität von CAD-Systemen besteht – die Verfügbarkeit eines oder mehrerer Anwendungsprogramme auf bestimmten Rechnern und Konfigurationen leider der dominierende Faktor bei der Auswahl des CAD-Systems sein. Dies geht soweit, daß es heute bei der Anschaffung zweier verschiedener CAD-Pakete wirtschaftlicher sein kann, zwei getrennte CAD-Systeme (mit gleicher Funktionalität) anzuschaffen. Unter diesem Gesichtspunkt ist die mehrfunktionale Benutzung des Systems erneut zu überprüfen.

Sind Art (Stand-Alone System oder Satellitensystem) und Typ des Rechners durch oben genannte Überlegungen festgelegt, bestimmt sich der Ausbau des Systems durch die Anzahl der Benutzer (z.B. in der Anzahl der Dialogstationen, in der Größe des Hauptspeicherausbaus), nach Art und Umfang der benötigten Daten (welche Eingabeperipherie wie Kartenleser, Magnetbandstation, Lochstreifenleser, Markierungsleser benötigt werden) sowie nach Art und Umfang der Ausgabedaten (Leistung der benötigten Drucker; Größe, Geschwindigkeit, Stift- oder Farbzahl der graphischen Hardcopy-Ausgabe). Hierbei gelten die in Kap. 2 beschriebenen Aspekte, wobei die Minimalausstattung bei den heute überwiegenden fertigen, in sich abgeschlossenen Systemen (*Turn Key Systems*) bereits vorgegeben sind.

Die nachfolgend beschriebenen 5 Systeme stellen Beispiele für CAD-Systeme dar, wie sie dem Bedarf mittelständischer Betriebe entsprechen können. Es wurden hierzu folgende Systemarten gewählt:

– eine graphische Dialogstation an einem (größeren) Rechner
– ein CAD-Arbeitsplatz mit „lokaler Intelligenz" im Verbund mit einem größeren Rechner
– ein größeres CAD-System als Stand-Alone System
– ein kleineres CAD-System als Stand-Alone System
– ein frei konfiguriertes CAD-System.

An Hand der 5 Systeme sollen Konfigurationen und Preise typischer CAD-Systeme dargestellt werden. Bei den dabei angegebenen Preisen kann es sich nur um Anhaltswerte handeln, da die genauen Preise einem ständigen Wechsel unterworfen sind und im übrigen von Verhandlungsgeschick, Mengenrabatt, Bündelgeschäften und Konfigurationseinzelheiten stark beeinflußt werden. Die genannten Preise stellen dabei Kaufpreise dar. Die Jahres-Mietkosten liegen bei etwa 1/3 des Kaufpreises (und beinhalten den notwendigen Hardware-Service).


## 7.1 Dialogstation an einem Großrechner

Das IGS-System *(Interaktives Graphik System)* der Firma Siemens (auch SICAD genannt) besteht in seinem einfachsten Ausbau aus einem graphischen Speichersichtgerät, welches direkt oder über eine Telefonleitung (mit Modems) an einen (größeren) Rechner der Firma Siemens der Serie 7500 oder 7700 angeschlossen ist. Als graphisches Terminal wird hierbei in der Regel ein 15-Zoll Speicherbildschirm eingesetzt (Tektronix 4014). Die IGS-Grundsoftware besteht aus einem sogenannten *Drafting-System* und erlaubt die interaktive Erstellung und Modifikation von Zeichnungen (Bildern). Hierbei sind Gruppierungen von Zeichnungselementen, Makro-Bildungen und mehrere Zeichnungsebenen (logische Schichten) möglich.

Die Zeichnungen können Transformationen wie Skalierung, Rotation, Verschiebungen und Operationen wie Ausschnittsbildung, Beschneidungen und Schraffierungen unterworfen werden.

IGS läuft als normales Benutzerprogramm am Wirtsrechner unter dem Betriebssystem BS2000. Die Bildinformation wird dabei in geräteunabhängiger Form gespeichert und erst bei der Ausgabe in den gerätespezifischen Code umgewandelt. So kann auf einfache Weise ein erstelltes Bild nicht nur auf den Bildschirm, sondern auch auf Zeichentische und Mikrofilmplotter (unterschiedlicher Typen) ausgegeben werden.

Neben der reinen graphischen Bildeingabe erlaubt die IGS-Datenstruktur das Hinzufügen von objektbezogenen Daten wie z.B. Werkstoffangaben, Materialstärke, Festigkeit usw. Diese Daten können dann von Programmen, welche die von IGS zur Verfügung gestellte Schnittstelle benutzen, zu applikationsspezifischen Berechnungen verwendet werden.

Darüber hinaus wird dem Benutzer die Möglichkeit geboten, selbst neue IGS-Befehle zu implementieren sowie IGS-Befehle zu Makros zusammenzufassen.

Das CADIS-System ist eine Erweiterung des IGS-Systems für die Bedürfnisse des Maschinenbaus. Hierin sind Operationen wie Vermaßung, Rundung von Ecken usw. enthalten.

Funktional sehr ähnliche Systeme werden auch von der Firma DEC (Digital Equipment Cooperation) für den Anschluß eines graphischen Sichtgerätes an ihre Rechner der VAX-Serie, von der Firma IBM für den Anschluß an IBM-Rechner der Serie 370 und größer, sowie von der Firma CDC zum Anschluß an deren Großrechner, angeboten. Die Kosten für das beschriebene System sehen etwa wie folgt aus:

**Hardware:**

- Kosten des Hauptrechners (Monatsmiete ab etwa DM 15000)
- graphische Dialogstation (ca. DM 40000)
- Geräteanschluß (ca. DM 2500)
- 2 Modems bei Anschluß über Telefon (ca. DM 200 Miete pro Monat und Modem)
- Grundgebühren des Telefonanschlußes (auf beiden Seiten).

**Software:**

- Kostenanteil für Grundsoftware auf dem Wirtsrechner (BS2000, FORTRAN, usw.)
- IGS-System (Kaufpreis ca. DM 45000; Monatsmiete ca. DM 2400)
- Erweiterungspaket CADIS (Kaufpreis ca. DM 40000).

Basierend auf den Grundsystemen bieten die Firmen hierzu weitere CAD-Pakete an, z.B. für den Bereich der Kartographie, für Rohrleitungsplanung, Schaltungsentwurf usw. Diese Pakete müssen in der Regel zusätzlich zu den Grundpaketen gekauft oder gemietet werden. Als zusätzlicher Kostenfaktor ist die Softwarewartung für die CAD-Pakete (etwa jährlich 1/10 des Kaufpreises) mit einzukalkulieren.

Abb. 7.1. SICAD-Arbeitsstation (9730 aus Siemens, 1981)

## 7.2 CAD-Arbeitsplatz an einem Wirtsrechner

Bei einer erweiterten Version des in Abschn. 7.1 beschriebenen IGS-Systems besteht der CAD-Arbeitsplatz aus einem kleinen Rechnersystem, welches an einen Wirtsrechner der Firma Siemens (Serie 7500 oder 7700) angeschlossen ist. Der lokale 16 Bit Rechner R10 übernimmt Aufgaben wie das Betreiben einer Sicherungsprozedur zwischen Satellit und Wirtsrechner, die Aufbereitung der lokalen Graphik aus dem geräteunabhängigen Code, das Halten einer lokalen Bilddatei, die Vorinterpretation von Kommandos sowie die Ansteuerung der lokal angeschlossenen Peripherie (z.B. Tableau und Plotter).

Durch diese lokale Rechenkapazität wird ein gegenüber Abschn. 7.1 komfortablerer Arbeitsplatz möglich. Der Komfort besteht in einem schnelleren Bildaufbau (der Wirtsrechner kann die graphische Information komprimiert über die relativ langsame Leitung (maximal 9600 Baud) schicken, bereits vorhandene Elemente können aus dem lokalen Speicher erneut aufgebaut werden), der Erweiterung der reinen Tastatur- und Rändelradeingabe um ein Tableau, der Trennung der Ein- und Ausgabe der Kommandos und der graphischen Ausgabe sowie der Möglichkeit, einen Plotter als Hardcopy-Gerät anschließen zu können (Abb. 7.1).

Die Grundkonfiguration des Systems besteht aus dem Rechner, einem alphanumerischen Bildschirm für den Kommando-Dialog, einer 15-Zoll-Speicherbildröhre (mit eingeschränkten Refresh-Möglichkeiten) und einem 11 Zoll × 11 Zoll Tableau. Daneben können größere Tableaus oder Digitalisierer und ein Plotter ange-

schlossen werden. Die Software entspricht der des in Abschn. 7.1 beschriebenen IGS-Systems. An eine Programmierung des lokalen Rechners ist nicht gedacht.
Die Kosten des Systems sind:

**Hardware:**

– Kosten des Hauptrechners inklusive Hardcopy-Geräten (Plottern)
– Rechnerkosten des Satellitenrechners CAD-Arbeitsplatz (ca. DM 135000)
  bzw. Monatsmiete (etwa DM 6200)
– Leitungskosten (Modemkosten, Leitungskosten, Schnittstellenkosten).

**Software:**

– Softwarekostenanteil des Wirtsrechners
– IGS-Grundpaket im Wirtsrechner (ca. DM 45000 Kaufpreis)
– IGS-Software im lokalen Rechner (ca. DM 7000 pro Arbeitsplatz)
– Erweiterungspakete (z.B. CADIS mit ca. DM 40000).


## 7.3 Stand-Alone-Turn-Key-Systeme

An großen (über DM 400000) und kleinen fertigen, in sich abgeschlossenen Systemen (*Stand-Alone-Turn-Key-Systemen*) sind eine ganze Reihe auf dem Markt vorzufinden. Beispiele hierfür sind für große Systeme die CAD-Arbeitsplätze der Firmen Calma, Computer Vision, Applicon, Aristo und Calcomp. Diese Konfigurationen besitzen heute noch zumeist 16 Bit Rechner, werden in Zukunft aber mit 32 Bit Midi-Systemen ausgerüstet sein. Das CALMA-System soll als Beispiel beschrieben werden.
Der CALMA CAD-Arbeitsplatz ist ein System mit einer 16 Bit Zentraleinheit (Eclipse S/230), welches im Grundausbau 256K Byte besitzt bis 512K Byte erweitert werden kann. An Magnetplatten stehen Laufwerke mit 28, 88 und 300 Megabyte zur Verfügung. Neben einer druckenden Konsolstation sind im Grundausbau ein schneller Plotter (CALCOMP 960, geeignet für Zeichnungen der Größe DIN A0) für den graphischen Dialog ein alphanumerisches Terminal (Kommando-Dialog) sowie eine 15-Zoll-Speicherröhre (gleicher Schirm wie TX4014) und ein 11 Zoll × 11 Zoll Tableau zur graphischen Eingabe vorhanden. Alternativ zum Speicherbildschirm ist ein schwarz-weiß Rasterdisplay mit einer Auflösung von 1024 × 1024 Pixel, ein Farbdisplay mit einer Auflösung von 500 × 700 Pixel oder ein Farbdisplay mit einer Auflösung von 1024 × 1024 Punkten erhältlich (Abb. 7.2). Für die Datensicherung steht eine Magnetbandstation zur Verfügung. Das System kann auf maximal 6 graphische Dialogstationen oder Digitalisierungsarbeitsplätze erweitert werden.
An Software steht ein Mehrbenutzerbetriebssystem CDOS (äquivalent dem RDOS) zur Verfügung, auf welchem das CAD-Paket DDM (*Design Drafting and Manufacturing System*) läuft. Die Funktionalität entspricht etwa der der IGS (Abschn. 7.1), sichert jedoch aufgrund des dedizierten Rechnersystems schnellere und gleichmäßigere Antwortzeiten als jene Systeme, welche an Großrechner mit in

Abb. 7.2. Beispiel eines CAD-Arbeitsplatzes (RC-1000 aus Calma, 1981)

der Regel unterschiedlichen Lastverhältnissen angeschlossen sind. Der Benutzer besitzt auch die Möglichkeit, mit eigenen Programmen auf die im Dialog erstellten Zeichnungsdaten zuzugreifen und diese weiterzuverarbeiten. Eine entsprechende einfache Datenbankschnittstelle für FORTRAN ist hierzu vorhanden. Neben dem Drafting-System stehen Applikationspakete für die Bereiche Mikroelektronik, Architektur und Rohrleitungsplanung zur Verfügung. Die modular gestalteten Pakete bzw. das darunterliegende Grundsystem erlaubt sowohl die Dialogeingabe von unterschiedlichen Eingabegeräten (Tastatur, Tableau, Menü), als auch die Ausgabe auf unterschiedliche Plotter (z.B. der Firmen Calcomp, Xynetics, Gerber, Versatek und Benson). Für einige der Pakete sind NC-Anschlüsse und Pre- bzw. Post-Prozessoren für Berechnungen nach der Methode der Finiten-Elemente vorhanden. Wie bei den meisten Stand-Alone Systemen sind RJE-Emulationen zum Anschluß an verschiedene Großrechner möglich. Um die Nachteile der Stand-Alone-Konfiguration aufzuheben, besteht die Möglichkeit eines Rechnerverbundes über einen schnellen Datenkanal (HYPERCHANNEL). Da es sich bei dem beschriebenen System um ein *Turn-Key-System* handelt, wird Software und Hardware als Bündel verkauft. Der Preis für das Grundsystem mit einer CAD-Station sowie dem Softwarepaket zur Erstellung von technischen Zeichnungen (Mechanik-Paket) beträgt etwa US-Dollar 290.000. Für jede weitere Arbeitsstation sind etwa US-Dollar 50.000–80.000 zu veranschlagen. Weitere Kosten können für den Kauf des NC-Paketes (etwa US-Dollar 15.000) oder des FEM-Paketes (etwa US-Dollar 25.000) hinzukommen. Es wird somit bei einem System mit 2 Arbeitsplätzen und entsprechender Software leicht ein Umfang von DM 1 000 000 erreicht.

Neben den großen Stand-Alone Systemen werden auf dem Markt eine Reihe kleiner *Low-Cost*-Systeme angeboten. Kennzeichnend für sie ist ein kleiner 16 Bit Rechner (ca. 64K Byte maximaler Speicherausbau), das Fehlen großer und schneller Plattenspeicher (zumeist nur Floppy-Disks oder Plattenlaufwerke kleiner Kapazität) und Magnetbandstationen (zumeist nur Magnetkassette), kleinere

Abb. 7.3. Beispiel eines „Low Cost"-CAD-Arbeitsplatzes (HP 9845C aus HP, 1981)

Bildschirme und Plotter, einfachere Betriebssysteme (nur Ein-Benutzersysteme) und das Fehlen der höheren graphischen oder applikationsspezifischer Software-pakete. Zumeist wird nur BASIC oder FORTRAN mit einem einfachen graphischen Grundpaket angeboten.

All diese Faktoren ermöglichen einen gegenüber den großen Systemen deutlich geringeren Preis. Als Beispiel sei hier das System HP 9845 der Firma Hewlett Packard angeführt. Die Grundausstattung umfaßt hier:

**Hardware:**

- 16 Bit Kompaktrechner (HP 9845B) mit 318K Byte (1 Megabyte Maximalaus-bau) und integriert
- BASIC in ROM-Speicher
- graphisches schwarz-weiß Sichtgerät (31 cm) mit eigenem Bildwiederholspeicher und einer Auflösung von 26 Zeilen und 80 Spalten in der alphanumerischen Ebe-ne und $560 \times 455$ Punkten in der graphischen Ebene mit Lichtgriffel (eine Farb-ausführung (HP 9845C) ist ebenfalls verfügbar)
- 2 Magnetkassettenstationen zu je 217K Byte
- Thermodrucker (Printer-Plotter) mit 480 Zeilen/min
- 2 Floppy-Disk-Laufwerke mit je 1.18 Megabyte Kapazität
- 1 DIN A3 8-Farben Plotter (HP 9827C).

Das System (Abb. 7.3) erlaubt nur eine Arbeitsstation und ist im wesentlichen über die beschriebene Konfiguration hinaus nicht mehr ausbaubar. Der Preis der Hardware liegt hier bei etwa DM 140 000.

Hierzu werden von einigen Softwarehäusern eine Reihe kleinerer CAD-Applikationsprogramme angeboten. Als Beispiel sei hier ein Architekturpaket herangezogen.

Das System erlaubt die Eingabe zeichnerischer Daten (Modellbildung mit maximal 10 Ebenen) über Kommandos und Kursor, einfache Veränderungen dieser Zeichnungen (oder von Teilen daraus), eine automatische Vermessung der Zeichnung (bzw. der einzelnen Ebenen) sowie die Ausgabe der Zeichnung(en) auf dem Bildschirm oder dem Plotter.

Über dieser Grundschicht liegt die eigentliche applikationsspezifische Schicht, welche für den Architekturbereich angefangen über die Konstruktion der Grundrisse mit Zubehör eine Reihe von Berechnungen erlaubt, wie Mengenermittlung für die Kalkulation, Wärmebedarfsermittlungen, Folgekostenberechnungen sowie beliebige isometrische Darstellungen oder Schnitte mit frei wählbarer Sichttiefe (Bott, 1981). Weitere zu diesem Paket gehörende Programme unterstützten den Bereich der AVA (Ausschreibung, Vergabe, Abrechnung) und bieten wesentliche Hilfen im Bereich der Textverarbeitung. Für diese Programmkollektion fallen Softwarekosten (Kauf) von DM 30 000–50 000 an.

## 7.4 Frei konfigurierte CAD-Systeme

Frei konfigurierte CAD-Systeme sind vor allem dann sinnvoll, wenn bereits ein ausreichend leistungsfähiger Rechner vorhanden ist, oder aber seine Anschaffung durch andere Softwarepakete notwendig erscheint.

Daneben werden seit kurzem von Softwarehäusern CAD-Anwendungspakete angeboten, die entweder mit geringem Aufwand auf eine Reihe von Rechnern übertragen werden können, oder die nur auf einem gegebenen Rechner laufen, zu denen jedoch von dem Softwarehaus kein CAD-Bündel in Form von Soft- und Hardware angeboten wird.

Eine seltene Situation, welche auch ein frei konfiguriertes System erlaubt, liegt auch dann vor, wenn die Erstellung neuer CAD-Software wirtschaflich vertretbar erscheint.

Der Vorteil der frei konfigurierten Systeme liegt darin, daß die Konfiguration optimal den gegebenen Aufgaben angepaßt werden kann und die Soft- und Hardwarekosten transparenter als bei gebündelten Systemen sind.

Ein Nachteil solcher CAD-Systeme liegt in der Notwendigkeit, Hardware zu *mixen*, d.h. die einzelnen notwendigen Komponenten (z.B. CPU und Plotter) von verschiedenen Herstellern zu kaufen. In der Regel ist der Rechnerhersteller dann nicht mehr bereit, die Garantie und Wartung für das Gesamtsystem zu übernehmen. Aus diesem Grunde kann zu solchen Konfigurationen nur geraten werden, wenn entsprechendes Know-How in der Firma vorhanden ist.

Die nachfolgend vorgestellte Konfiguration besitzt einen leistungsfähigen Mini-Rechner der Firma Digital Equipment Corporation (DEC) als Zentraleinheit. Der Hauptspeicher ist dabei bis auf 4 Megabyte ausbaubar. Der Rechner ist weit verbeitet. Dies garantiert ein großes Softwareangebot. Das Betriebssystem ist komfortabel, erlaubt Mehrbenutzerbetrieb und die Kommunikation zwischen mehreren Programmen auf dem gleichen Rechner oder in einem Rechnernetz. Ein Grundsystem wäre:

**Hardware:**

- PDP-11/44 CPU mit 256K Byte Hauptspeicher
- CPU-Erweiterungen wie Gleitkommarechenwerk, Speicherschutz
- 1 Magnetkassetten-Doppellaufwerk
- 2 Magnetplattenlaufwerke mit je 10 Megabyte
- 1 Zeichendrucker (ca. 180 Zeichen/s)
- 1 alphanumerisches Sichtgerät.

Der Preis dieser Hardware beträgt ca. DM 160 000 (inklusive des Betriebssystems RSX-11M mit Grundsoftware wie Editoren, Sicherungsprogrammen, Assembler).

**CAD-spezifische Hardware:**

- 1 15-Zoll Speichersichtgerät (ca. DM 40 000)
- 1 Plotter DIN A0 (ca. DM 40 000).

**Software des Grundsystems:**

- FORTRAN-Compiler (ca. DM 22 000).

**Grundsoftware für CAD:**

- geräteunabhängiges graphisches Grundsoftwarepaket (ca. DM 50 000).

Obwohl diese Konfiguration von der Rechnerleistung her mit den meisten Turn-Key-Systemen und vom CAD-Antwortverhalten her auch mit den Beispielen der Arbeitsplätze am Großrechner vergleichbar ist, liegt der Gesamtpreis (ohne applikationsspezifische Softwarekosten) mit ca. DM 270 000 relativ niedrig. Für umfangreichere Datenbestände muß jedoch die vorhandene Magnetplatten-Speicherkapazität von 20 Megabyte deutlich erhöht werden. Die Erweiterung des Systems um weitere Dialogstationen kann genau entsprechend den Bedürfnissen erfolgen. Hierfür sind etwa DM 4 000 pro alphanumerischer Station anzusetzen. Der Kaufpreis graphischer Arbeitsplätze beginnt bei etwa DM 10 000 für ein graphisches Sichtgerät mit Lichtgriffel, Tastatur und einer Auflösung von etwa $650 \times 500$ Punkten.

# 8 Umfrage bei Herstellern von CAD-Hardware und Software

Die Ausführungen in den vorangegangenen Kapiteln sollen nachfolgend durch einige Ergebnisse einer Umfrage bei Herstellern von CAD-Hardware und -Software ergänzt werden.

Gegenstand der Untersuchung war es zum einen, die Entwicklung der CAD-Technologie in den Unternehmen zu beleuchten, zum andern aber auch die Tendenzen der Markt- und Technologieentwicklung und das Rationalisierungspotential bei den potentiellen Anwenderfirmen im Bereich der rechnerunterstützten Konstruktion zu erkennen und die Übersicht über Stand und Entwicklung der CAD-Implementierungen zu aktualisieren.

An der Umfrage nahmen 14 Firmen teil, wobei neben kleineren Softwarehäusern auch große Firmen sowie Hersteller von Großsystemen vertreten waren. Die Gespräche mit den Firmen wurden in der zweiten Hälfte des Jahres 1980 geführt.

## 8.1 Entwicklung der CAD-Technologie

### 8.1.1 Beginn der CAD-Entwicklungen

Zwei der von uns befragten Hersteller, die in den Jahren 1969 und 1970 schon mit der Entwicklung ihrer Systeme begannen, gehören zu den Pionieren im CAD-Bereich. In den Jahren 1973, 1974 und 1975 folgten dann weitere Unternehmen, wobei in einem Fall eine Entwicklung nach vielversprechendem Anfang aus firmenpolitischen Gründen nach einem Jahr wieder abgebrochen wurde. Wie jung der CAD-Bereich ist, erkennt man aus dem recht späten Eintritt in den CAD-Bereich der übrigen befragten Firmen. Dabei nahmen vier die Entwicklung 1977 auf und zwei erst 1978.

Den Anlaß zur Entwicklung von CAD-Systemen gaben in vielen Fällen die von den Firmen erstellten oder in Auftrag gegebenen Marktanalysen, die alle darauf hindeuteten, daß der Markt für CAD aufnahmefähig ist. Ein weiterer Anstoß kam aus dem Forschungsbereich, der schon vorher nach Möglichkeiten der Rechnerunterstützung bei Entwurf und Design verlangte.

Einen zusätzlichen Faktor bildete bei einigen wenigen Firmen die staatliche Förderung, die aber bei der überwiegenden Zahl der Entwickler nur geringen Einfluß auf die Entscheidung hatte.

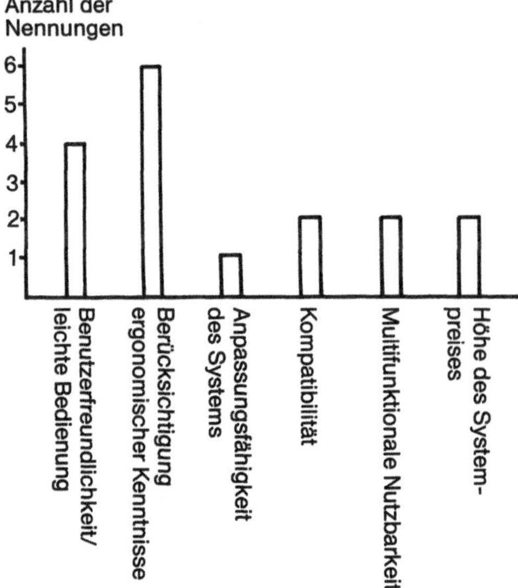


Abb. 8.1. Kriterien bei der Entwicklung von CAD-Systemen

### 8.1.2 Kriterien bei der Entwicklung von CAD-Systemen

Die Entwicklung von CAD-Systemen erfordert eine Berücksichtigung unterschiedlichster Kriterien. Das stärkste Gewicht liegt derzeit auf der „Berücksichtigung ergonomischer Erkenntnisse" und der Entwicklung von „benutzerfreundlichen und leicht zu bedienenden Systemen".

Das Ergebnis (Abb. 8.1) zeigt zumindest in der Beantwortung der Frage eine eindeutige Betonung der sozialen Kriterien vor den technischen Kriterien „Anpassungsfähigkeit des Systems an unterschiedliche Aufgabenbereiche" und „Kompatibilität mit Hardware und Software anderer Hersteller" oder wirtschaftlichen Kriterien wie „Multifunktionale Nutzbarkeit" und „Höhe des Systempreises".

Diese Verteilung ist vermutlich zu einem Teil situationsbezogen, indem aus dem Projekt als „sozial-wissenschaftliche" Begleituntersuchung bei den Firmenvertretern auf eine stärkere Gewichtung dieser Komponenten geschlossen wurde. Allerdings wurden die Aussagen auch in einigen Fällen begründet. So ist z.B. die Berücksichtigung der Ergonomie für die Verkaufsargumentation ein wichtiges Kriterium, das in der Aussage eines Firmenvertreters gipfelte: *Ohne Gewerkschaften geht nichts mehr*, d.h. es müssen mehr als bisher die sozialen Komponenten bei der Konzeption und Einführung neuer Technologien berücksichtigt und mit den Gewerkschaften abgestimmt werden.

Die Gestaltung des Systempreises ist offenbar *nur von untergeordneter Bedeutung*. Nach Ansicht einiger Firmenvertreter ist zur Zeit nahezu jeder Preis für ein System am Markt durchsetzbar, wenn nur eine adäquate Problemlösung angeboten wird. Andere sehen allerdings bei einem Preis von etwa DM 250 000–350 000 für ein CAD-System eine Schwelle, die insbesondere durch den hohen Preisanteil für die Software hervorgerufen wird. Im Vergleich zur kommerziellen Datenverarbeitung, bei der die Software oft nur einen kleinen Teil des Anlagenpreises ausmacht, seien die Anwender nicht an die Größenordnung von 50% und mehr für Softwaresysteme bei CAD(Turn-Key)-Systemen gewöhnt. Hier sei noch einige Marketing-Arbeit zu leisten, um die potentiellen Kunden von der derzeitigen Unvermeidbarkeit der hohen Softwarepreise wegen des außerordentlich hohen Entwicklungs- und zunehmend großen Wartungs- und Pflegeaufwands zu überzeugen.

### 8.1.3 Systemkonzeptionen

Im CAD-Bereich kann man die derzeit verfolgten Konzeptionen in folgende drei Klassen unterscheiden:

a) *Hochintegrierte Softwaresysteme*, die eine Bearbeitung einer Aufgabe vom Entwurf bis zur Fertigungsvorbereitung oder bis zur Fertigungssteuerung (CAD/CAM) ermöglichen.
b) Softwaresysteme für Problemlösung von Teilbereichen der Konstruktionsaufgaben, auch *Insellösung* genannt.
c) *Multifunktionale Arbeitsplätze* für die Ausnutzung der Kapazitäten mit unterschiedlichen Aufgaben (technische und kommerzielle!).

Neben dieser Klassifikation ist die verfolgte organisatorische Eingliederung bei der Konzeption der CAD-Systeme von Bedeutung, die entweder eine zentrale oder eine dezentrale Anordnung vorsehen kann.

Ein Teil der Hersteller wird auch weiterhin bei Entwicklung und Vertrieb von *Insellösungen* bleiben, da zur Zeit nur wenige Firmen die Voraussetzungen für die Implementierung von integrierten Systemen bieten können oder durch Softwareprobleme von der Entwicklung solcher Systeme abgehalten werden. Außerdem hat die Insellösung die Vorteile höherer Durchsichtigkeit der Arbeitsabläufe und einer größeren Überschaubarkeit.

Dem wird von den Verfechtern der *integrierten Lösung* entgegengehalten, daß die Vorteile einer CAD-Anlage erst bei einem durchgehenden Konzept durch alle Aufgabenebenen genutzt werden kann. So wird ein für die erste Entwurfsphase aufbereiteter Datensatz eines Objekts durch alle Phasen hindurch erneut benutzt und muß nur aktualisiert und ergänzt werden; bei Benutzung verschiedener Insellösungen muß in aller Regel jeweils ein neuer Datensatz erstellt, neu eingegeben, transformiert oder ergänzt werden. All dies ist stets mit der Gefahr neuer Fehler behaftet.

Durch eine Auslegung des CAD-Arbeitsplatzes als *multifunktionales System* kann eine höhere Auslastung der Rechenanlage erreicht werden, was besonders für Kleinbetriebe interessant ist. Dies ermöglicht es dem Benutzer, nicht nur die Probleme aus der Konstruktion, sondern z.B. auch Kalkulation und Angebotserstellung zu bearbeiten. Sind sich die Hersteller also bei dem anzustrebenden Konzept nicht einig, so wird aber eindeutig der dezentralen Anordnung der CAD-Arbeitsplätze der Vorzug gegeben. Die Erfahrung hat gezeigt, daß das Arbeitsmittel (CAD-Arbeitsplatz) in der Konstruktionsabteilung zu installieren ist. So kann durch entsprechende Programmgestaltung jederzeit ein kurzfristiger Eingriff in den Programmdurchlauf realisiert und die Arbeitsabfolge in der Konstruktionsabteilung selbst geregelt werden.

Die Präferenz der Hersteller für dezentrale bzw. zentrale Systeme wird teilweise auch von deren Angebotsspektrum bestimmt. So stellen die typischen Großrechnerhersteller die zentrale Lösung in den Vordergrund, da sich die Anschaffung ihrer Systeme (Großsysteme) nur bei einer zentralen Organisation verantworten läßt.

Eine Sonderform der dezentralen Regelung bietet ein Großrechnerhersteller an. Er installiert bei den Anwendern CAD-Arbeitsstationen, die mit lokaler Rechenkapazität im Minirechnerbereich ausgestattet sind, und verbindet diese über eine Datenfernübertragungsleitung (DFÜ) der Post mit einem Großrechner seiner Service-Rechenzentren. Dieses hat zwar die Vorteile einer relativ geringen Investitionssumme und der möglichen Nutzung einer großen Rechenkapazität, stößt aber schnell an seine Grenzen. Wird nämlich ein Programm im Dialogbetrieb verarbeitet, so begrenzen nicht die Rechner die Bearbeitungsgeschwindigkeit, sondern die DFÜ, die zur Zeit nur eine Übertragungsrate von maximal 9600 Baud bei Wählleitungen zuläßt, in der Regel jedoch nur mit 2400 Baud betrieben wird. Diese Übertragungsrate kann bei einem größeren Datentransfer schon zu erheblichen Antwortzeiten führen.

### 8.1.4 Probleme bei der Systementwicklung

Übereinstimmend wurde von allen Gesprächspartnern bestätigt, daß die Hardware derzeit nur geringe Probleme bei der Entwicklung von CAD-Systemen aufgibt, etwa bei der Verbesserung der Sichtgeräte. Demgegenüber bestehen im Softwarebereich erhebliche Schwierigkeiten, die hauptsächlich darin liegen, daß es den Firmen an einer ausreichenden Zahl qualifizierter Programmierer mangelt.

So mußte bei einem Unternehmen die Entwicklung eines größeren 3D-Graphik-Systems kurzerhand unterbrochen werden und die Aktivitäten zunächst auf die Entwicklung eines einfacher zu realisierenden 2D-Graphic-Systems gelenkt werden, um nicht zu spät den Markt bedienen zu können.

Ein ebenfalls allgemeines Problem stellt die fehlende Standardisierung bei der Hardware dar. Eine solche Standardisierung ist nach Ansicht der Firmenvertreter aber nur zu realisieren, wenn die US-amerikanischen Firmen diese in vollem Umfang akzeptieren.

### 8.1.5 Zusammenarbeit bei der Systementwicklung

Die oben aufgezeigten Schwierigkeiten führen u.a. zu unterschiedlichen Kooperationen. In erster Linie arbeiten die Hardwarehersteller mit speziellen Softwarehäusern zusammen, um das „Software-Manpower-Problem" zu lösen. Außerdem sollen diese gemeinsamen Entwicklungen fehlendes Know-How im Softwarebereich ausgleichen und Entwicklungskosten und -zeit senken.

Die gleichen Argumente werden für eine Kooperation mit Hochschulen angeführt. Hier kommt noch hinzu, daß die Hardwarehersteller häufig kurzfristig auf ein schon vorhandenes Programm zugreifen und diese Programme zu einem niedrigen Preis erstehen können.

Aber gerade diese Preispolitik ruft bei anderen Firmen einige Empörung hervor. Sie werfen den Universitätsinstituten vor, daß sie eine Preiskalkulation vornehmen, in der in keiner Weise der Entwicklungsaufwand berücksichtigt wird. Zudem werden Probleme in Programmen als gelöst propagiert, die aber in der Praxis häufig wieder auftreten. Die vorhandenen Möglichkeiten werden oftmals sehr euphorisch dargestellt, so daß die potentiellen Anwender mit viel zu hohen Erwartungen an die Firmen herantreten. Hier muß man erkennen, daß die vielschichtigen Anwendungsprobleme in der Praxis eine derartige Beurteilung nicht zulassen.

Eine weitere Kooperationsebene besteht heute zwischen einigen Firmen und Anwendern als Kunden der CAD-Hardware. Hierbei wird versucht, eine bessere Abstimmung zwischen Hardware und Software in einem bestimmten Anwendungsfall zu erreichen und den Entwicklungsaufwand zu verteilen. Der Entwicklungsaufwand für größere Systeme beträgt bis zu 400 Mannjahren. Solche Systeme benötigen zudem ca. 150 Mannjahre für Wartung und Weiterentwicklung pro Jahr.

## 8.2 Stand und Entwicklung der CAD-Implementierung

### 8.2.1 Anwendungsgebiete für CAD-Systeme

CAD wird heute schon in sehr vielen Branchen angewandt, wenn auch in vielen Fällen die Testphase noch nicht überschritten ist. Eine grobe Verteilung auf die Branchen nach der Anzahl der installierten Systeme zeigt Abb. 8.2. Nach Einschätzung der Gesprächspartner entfallen von den 150–200 installierten Systemen etwa 30% auf die Elektrotechnik, wo die Systeme in erster Linie zum Entwurf von Leiterplatten oder IC-Layout eingesetzt werden. Bei diesen Anwendungen treten hauptsächlich zweidimensionale Probleme auf, die bereits zufriedenstellend gelöst sind. Ein großer Teil der Turn-Key-Systeme wird vorwiegend in diesem Bereich eingesetzt, da hier nur relativ wenig betriebsspezifische Besonderheiten in eine Anpassung des Systems eingehen.
Der Maschinenbau folgt in der Häufigkeit mit etwa 25% der installierten Geräte. Da der deutsche Maschinenbau vorwiegend aus Mittel- und Kleinbetrieben zusammengesetzt ist und dort vielfach Sondermaschinenbau vorherrscht, werden hier sehr flexible Systeme verlangt, die bei sich änderndem Produktspektrum schnell der neuen Situation angepaßt werden können. Dies sind Forderungen, welche von den meisten heute angebotenen Systemen noch nicht ausreichend erfüllt werden können.

Vornehmlich im Automobilbau, Schiffbau und in der Luft- und Raumfahrtindustrie werden die hochintegrierten Programmsysteme verwendet, während im Bausektor überwiegend Berechnungsprogramme Verwendung finden, die die Entwurfsarbeit des Baustatikers unterstützen. Nachdem der Bausektor sehr früh als Pionier bei den Entwicklern und Anwendern von CAD-Programmen vertreten war, ist die Durchdringung der Branche nicht so schnell vorangeschritten. Nach Meinung der Firmenvertreter gibt es zwar viele Anwendungsmöglichkeiten, doch muß die Baubranche stärker standardisieren, um einen CAD-Einsatz sinnvoll zu

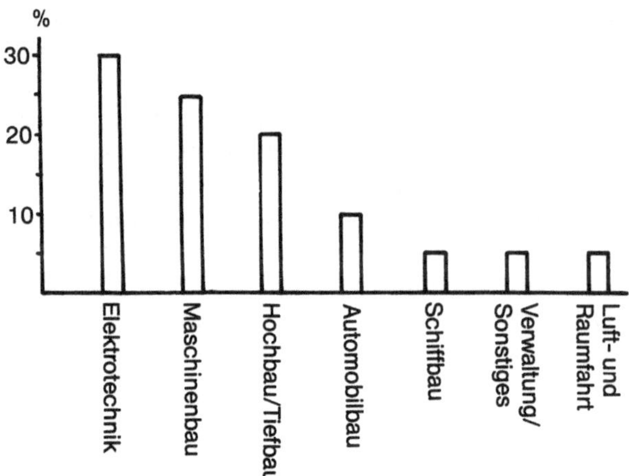


Abb. 8.2. Anwendungshäufigkeiten

machen. Wo dies schon geschehen ist, trifft man auch häufiger auf CAD-Anwendungen (z.B. Industriebau).

Betrachtet man die Anwendungshäufigkeit in den einzelnen Branchen, ergibt sich allerdings ein anderes Bild. So sind in den meisten Unternehmen der Luft- und Raumfahrtindustrie und der Automobilbranche CAD-Systeme anzutreffen, ähnlich dem Schiffbau, wo die Großwerften solche Systeme benutzen; hiermit sind sowohl Berechnungsprogramme als auch CAD-Graphik gemeint. Die Elektronikindustrie könnte ohne CAD-Hilfsmittel die integrierten Schaltungen mit der heute üblichen Packungsdichte gar nicht mehr herstellen.

Im Maschinenbau dagegen sind derzeit fast ausschließlich Berechnungsprogramme installiert und nur vereinzelt graphisch unterstützte CAD-Anwendungen, da die Möglichkeiten der zweidimensionalen Graphik für die Aufgaben im Konstruktionsbereich des Maschinenbaus oft nicht ausreichen, oder zumindest von den potentiellen Anwendern als nicht ausreichend angesehen werden.

### 8.2.2 Entwicklung der CAD-Implementierungen

Die größte Nachfrage nach CAD-Systemen wird aber aus dem Maschinenbau erwartet. Wegen der fehlenden 3D-Systeme wird zwar zunächst bevorzugt etwa der Anlagenbau CAD-Systeme installieren, weil hier in der Hauptsache zweidimensionale Probleme in der konstruktiven Phase auftreten, aber mit der Bereitstellung der 3D-Systeme werden auch dem allgemeinen und Sondermaschinenbau zunehmend mehr Lösungsmöglichkeiten geboten.

Bezüglich der elektrotechnischen Industrie divergieren die Herstelleraussagen stark. Ein Teil der Hersteller erwartet eine steigende Nachfrage aus dieser Branche, andere vermuten, daß der Bereich in Bezug auf die Anwendung von CAD-Systemen schon gesättigt ist.

Nur geringe Nachfrage wird von den meisten Herstellern aus der Baubranche erwartet, weil hier eine fehlende Standardisierung oder aber oft auch eine andere

Mentalität dem Einsatz von CAD entgegenstünde. Zudem halten einige Hersteller die CAD-Systeme für kleine Firmen, wie sie etwa im Baugewerbe häufig vorzufinden sind, noch nicht für ausgereift; allerdings wird die technische Entwicklung die Möglichkeiten für solche Unternehmen erweitern.

Unklarheit herrscht auch über den Zeitraum bis zu einer breiten Anwendung von CAD-Systemen. Auf der einen Seite werden etwa 1–2 Jahre genannt, andere veranschlagen vorsichtiger noch etwa sechs Jahre bis zum routinemäßigen Einsatz in größerem Umfang. Besonders der Maschinenbau mit seiner stark durch Klein- und Mittelbetriebe geprägten Struktur wird eher einen größeren Zeitraum bis zur umfangreichen Anwendung benötigen.

Eine Möglichkeit, die hohen Investitionskosten für ein CAD-System zu umgehen, stellt die Nutzung externer Rechenleistung von Service- und Dienstleistungsunternehmen dar. In den USA sind solche Dienstleistungsunternehmen im CAD-Sektor schon weiter verbreitet und werden von der Industrie umfassend genutzt. Die Voraussetzungen sind dort allerdings andere als etwa in der Bundesrepublik Deutschland. Während hier jede graphische Darstellung oder Baustatikberechnung den den Fachzweigen zugeordneten DIN-Normen genügen muß, werden in den USA häufig nur Prinzipdarstellungen verlangt. Dieses stellt weniger hohe Anforderungen an die Programme, da nicht die unter Umständen jeweils geringfügig unterschiedlichen Normen berücksichtigt werden müssen. Ein weiterer Vorteil liegt darin, daß die Programme universeller eingesetzt werden können.

Dennoch geben die meisten Hersteller einer Ausweitung des Dienstleistungsbereiches auch in der Bundesrepublik Deutschland gute Chancen. Besonders der Elektronikbereich biete gute Möglichkeiten, da hier in Zukunft auch die kleineren Firmen gezwungen würden, auf den rechnerunterstützten Entwurf als Hilfsmittel bei der Entwicklung von Leiterplatten zurückzugreifen, diese aber etwa wegen eines vorgegebenen Auftagsvolumens eine eigene Anlage nicht auslasten.

Das angesprochene „Software-Manpower-Problem" eröffnet jedoch nach Ansicht der Firmenvertreter auch in anderen Bereichen die Möglichkeiten für solche Dienstleistungen, z.B. im Maschinenbau oder dem Bauwesen. Hier könnten Architekten sowohl mit CAD gefertigte Entwürfe als auch Rechenleistung anbieten. Derartige Dienstleistungen werden zum Teil schon angeboten, etwa bei den Finite-Elemente Berechnungen, obwohl einige Hersteller den jetzigen Zeitpunkt noch für etwas verfrüht halten. Nur wenige der Hersteller sehen für Dienstleistungen im CAD-Bereich keine Möglichkeiten.

## 8.3 Rationalisierungspotential und Implementierung

### 8.3.1 Gründe für die Implementierung von CAD-Systemen

Wie der Erfolg der Hersteller zeigt, hat die Rationalisierung der Konstruktion durch Einsatz von CAD-Systemen sehr unterschiedliche Gründe (Abb. 8.3). Erstaunlich ist dabei, daß die erzielbare direkte Kosteneinsparung offenbar nicht die dominierende Rolle bei der Entscheidung für ein CAD-System spielt. Vielmehr

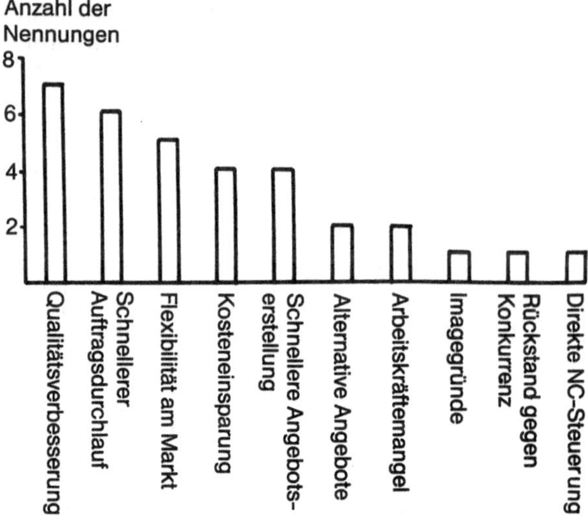


Abb. 8.3. Gründe für die Implementation

steht an erster Stelle die erzielbare Qualitätsverbesserung, etwa bei Anwendung von Graphik-Systemen, wobei hier nicht die absolute Qualität der Zeichnungen gesteigert wird, sondern eine Nivellierung der Qualität erreicht wird durch weitgehende Ausschaltung von individuellen Leistungsunterschieden der Mitarbeiter bei der Anfertigung von Konstruktionszeichnungen.

Die nachfolgenden Punkte, ein möglicher schnellerer Auftragsdurchlauf, die gesteigerte Flexibilität am Markt, schnellere Angebotserstellung und die Möglichkeit, mehrere alternative Angebote durch geringe Mehrarbeit erstellen zu können, verbessert in hohem Maße die Situation der Unternehmen am Markt, sind doch Lieferfristen und Berücksichtigung von Kundenwünschen zu immer stärker umkämpften Verhandlungsgegenständen geworden.

Als Beispiel für mögliche Zeiteinsparungen wurden bei reiner Zeichenarbeit einschließlich benötigter Änderungen etwa der Faktor 1:4 genannt. Noch weitaus größere Einsparungen können nach Aussage der Hersteller erzielt werden, wenn die CAD-Systeme etwa für die rechnergestützte Angebotserstellung unter Berücksichtigung von vorhandenen Stücklisten, für die Projektkontrolle oder für die Erstellung von Preisspiegeln eingesetzt werden. Hierbei sollen die Bearbeitungszeiten um den Faktor 1:10 bis 1:20 verkürzt werden können!

Überdurchschnittliche Verbesserungen des Durchlaufs lassen sich im allgemeinen überall dort erzielen, wo bei Verknüpfung verschiedener Aufgabenschritte die vorhandenen Datenmengen mit weitergegeben werden können. In diesen Fällen werden die Zeiten für die Informationsgewinnung und -aufbereitung bei den nachgelagerten Schritten voll eingespart, wie etwa bei der Ermittlung der Daten für alternative Angebote.

Neben diesen quantifizierbaren Faktoren treten aber nach Ansicht der Hersteller auch gelegentlich solche qualitativer Art auf. Diese sind z.B. die Angst vor einem Rückstand gegenüber der Konkurrenz oder Prestige- und Imagegründe, die für den Kauf einer CAD-Anlage ausschlaggebend sind.

Bei vielen potentiellen Kunden sind nach Ansicht der Hersteller große Informationslücken und Fehlinformationen über die Möglichkeiten und den Nutzen von CAD-Systemen zu konstatieren. Häufig wissen die Kunden nicht, auf welche Probleme sie sich bei der Anschaffung eines CAD-Systems einlassen.

### 8.3.2 Wirtschaftlichkeit von CAD-Systemen

Bei einer Investitionsentscheidung in einem Unternehmen ist in der Regel die Wirtschaftlichkeit eines solchen Kapitaleinsatzes von vorrangiger Bedeutung. Während im Fertigungsbereich aber für diese Entscheidung eindeutig quantifizierbare Daten vorliegen, sind diese im Falle einer CAD-Anlage nur schwer zu beschaffen. Die Wirtschaftlichkeitsanalysen und eine darauf gegründete Entscheidung ist mit größeren Risiken belastet. Dies hängt zum einen mit der Schwierigkeit zusammen, die Leistungen einer CAD-Anlage bzw. einer vergleichbaren Rationalisierungsmaßnahme zu spezifizieren und zum anderen die diffusen Effekte, die etwa mit den Vorteilen einer stärkeren Integration von Konstruktion, Fertigungsvorbereitung und Fertigung zusammenhängen, in einem Kalkül darzustellen. Oft muß auf Erfahrungen in anderen Unternehmen, die als Pilotanwender bereits Gelegenheit hatten, Vor- und Nachteile einer CAD-Einführung zu studieren, zurückgegriffen werden. Doch bleibt auch die Extrapolation auf die eigene Situation für den jeweiligen Anwender ein Risiko.

Wegen der Bedeutung der Wirtschaftlichkeitsfrage sollen an dieser Stelle zwei Ansätze für eine Wirtschaftlichkeitsbetrachtung dargestellt werden, die auf Erfahrungen bzw. Studien von CAD-Herstellern beruhen. Beide Ansätze beziehen sich auf den Einsatz von interaktiven graphischen CAD-Systemen. Anschließend soll in einem dritten Ansatz eine mögliche Vorgehensweise für eine umfassendere Beurteilung und Auswahl von CAD-Systemen skizziert werden.

### 1. Ansatz

Bei diesem Ansatz werden für die Bewertung der Wirtschaftlichkeit folgende Faktoren herangezogen (CALCOMP, 1980):

1a) Produktivitätszuwachs = (man. Arbeit − CAD-Arbeit) / CAD-Arbeit

Hierbei werden die Mengen der erzielten Ergebnisse, wie etwa Zeichnungen, Stücklisten oder NC-Lochstreifen, die in einem Zeitraum manuell bzw. mit CAD-Systemen erstellt werden können, einander gegenübergestellt.

1b) Durchlaufzeitersparnis = (man. Zeit − CAD-Zeit) / man. Zeit

Dabei werden Zeiten zugrundegelegt, die für ein typisches Ergebnis in manueller oder CAD-unterstützter Tätigkeit benötigt werden.

1c) Fehleranfälligkeitsfaktor = (man. Fehler − CAD-Fehler) / man. Fehler

Fehlermöglichkeiten bei manueller Verarbeitung sind vorhanden durch Fehlinterpretation, Fehlinformation, Vergeßlichkeit, Inkonsequenz beim Ändern von Zeichnungen usw.

1d) Büroflächeneinsparung =
(man. Büromiete − CAD-Büromiete) / man. Büromiete

Es wird davon ausgegangen, daß ein Zeichenbüro, das manuell produziert, mehr Grundfläche benötigt, als ein CAD-System gleicher Produktivität.

1e) Betriebskostenfaktor =
(man. Betriebskosten − CAD-Betriebskosten) / man. Betriebskosten

In die Betriebskosten gehen alle monetär bewertbaren Aufwandfaktoren ein; es ergibt sich ein Maß für die Einsparungen durch ein CAD-System.

1f) Amortisationsdauer =
CAD-Anschaffungskosten / CAD-Einsparungen pro Jahr

Für die Ermittlung der Daten für den zu untersuchenden Fall wird folgende Vorgehensweise vorgeschlagen:

a)   Zunächst werden repräsentative Beispiele durch Untersuchung der anfallenden Arbeiten ermittelt. Daraufhin werden die Arbeiten in Klassen eingeteilt und je Klasse ein repräsentatives Beispiel ausgewählt.
b)   Ermitteln der Zeit pro repräsentativem Beispiel bei manueller Arbeit durch Stoppen, Berechnen oder Schätzen.
c)   Ermitteln der Bearbeitungsdauer auf dem CAD-System.
d)   Aus diesen Daten lassen sich unter Hinzunahme von

− Anschaffungskosten
− Abschreibungszeitraum (5 Jahre)
− Kapitalzinsen (12% pro Jahr)
− Wartungskosten (10% der Anschaffungskosten pro Jahr)

der Betriebskostenfaktor und die Amortisationsdauer ermitteln.

Ein Zahlenbeispiel soll die Vorgehensweise verdeutlichen (Professional, 1978). Es ist dies die Anwendung in einem Unternehmen der Baubranche. Hier wurden in 12 Monaten 10 typische Arbeiten ermittelt, die zur Konstruktion von Stahlbetonfertigteilen verrichtet werden. Benötigt wurden ca. 30–40 Zeichnungen in der Größe *E* und zehn Detailzeichnungen gleicher Größe für *Wandelemente* und *Träger*. Die Untersuchung führte zu folgenden Ergebnissen:

$$\text{Produktivitätszuwachs} = ((32-15) / 15) \times 100 = 110\%$$

d.h. der Anwender kann einen Produktivitätszuwachs von 110% bei Einsatz eines CAD-Systems erwarten.

$$\text{Durchsatzzeitersparnis} = ((4800-1200) / 4800) : 100 = 75\%$$

Tabelle 8.1. Anzahl der Mitarbeiter

|  | Manuell | CAD |
|---|---|---|
| Projektleiter | 1 | 1 |
| Ingenieure | 6 | 5 |
| Entwurf | 9 | 3 |
| Zeichner | 9 | 4 |
| Schätzer | 5 | 1 |
| Hilfskraft | 2 | 1 |
| Summe: | 32 | 15 |

Tabelle 8.2. Projektzeit pro Monat in Stunden

|  | Manuell | CAD |
|---|---|---|
| Projektleiter | 50 | 50 |
| Ingenieure | 810 | 365 |
| Designer/Entwurf | 1290 | 391 |
| Zeichner | 2030 | 246 |
| Schätzer | 445 | 20 |
| Hilfskraft | 175 | 128 |
| Summe: | 4800 | 1200 |

Tabelle 8.3. Anzahl fehlerhafter Entscheidungen

|  | Manuell | CAD |
|---|---|---|
| Projektleiter | 6 | 8 |
| Ingenieure | 8 | 8 |
| Entwurf | 26 | 8 |
| Zeichner | 14 | 9 |
| Schätzer | 15 | 5 |
| Hilfskraft | 25 | 3 |
| Summe: | 94 | 31 |

d.h. für diesen Anwendungsfall benötigt man nur etwa 1/4 der Zeit bei Einsatz eines CAD-Systems gegenüber manueller Bearbeitung.

$$\text{Fehleranfälligkeitsfaktor} = ((94-31) / 94) \times 100 = 67\%$$

d.h. bei Benutzung eines CAD-Systems sollten 67% weniger Fehler auftreten.

Bei der Berechnung der Bürokosten sind amerikanische Dimensionen und Preise zugrundegelegt, die aber wegen der interessierenden Verhältniszahlen keinen wesentlichen Einfluß auf das Ergebnis haben. Für einen Mitarbeiter wird eine Bürofläche von durchschnittlich 120 ft$^2$ angenommen mit 10 Dollar Mietkosten pro ft$^2$.

$$\text{Bürokosten} = \text{Anzahl Mitarbeiter} \times 120 \times 10$$

Nach dieser Formel ergibt sich:

$$\text{man. Bürokosten} = 32 \times 120 \times 10 = 38400 \text{ Dollar}$$

$$\text{CAD-Bürokosten} = 15 \times 120 \times 10 = 18000 \text{ Dollar}$$

$$\text{Bürokosteneinsparung} = ((38400-18000) / 18000) \times 100 = 53\%$$

d.h. durch CAD-Einsatz können 53% Bürokosten gespart werden.

Obwohl die Betrachtung für die beschriebene Anwendung eindeutige Vorteile durch den CAD-Einsatz ergibt, kann der Ansatz für andere Fälle mit umfangreicheren Bedingungen nicht ausreichend sein, berücksichtigt er doch so wichtige Faktoren wie Auslastungsgrad und Verfügbarkeit der Arbeitsplätze oder deren örtliche Verteilung noch nicht.

Diese Faktoren sind Gegenstand einer weiteren Praxisstudie, die im folgenden kurz dargestellt werden soll (Westermann, 1980).

## 2. Ansatz

Es ist dies eine Studie, die in Zusammenarbeit zwischen einem CAD-System-Hersteller und dem Anwender erstellt wurde.

Zunächst wurde der Tätigkeitsumfang der Konstrukteure analysiert und daraus abgeleitet, daß der Konstrukteur zwar hauptsächlich kreativ tätig ist, aber daneben auch viele Tätigkeiten verrichtet, die nicht-kreativer Art sind, wie Schraffieren, Kopieren, Ausziehen von Tuschezeichnungen usw. Eine zweite charakteristische Erkenntnis ist, daß der Konstrukteur eine Vielzahl von Restriktionen zu beachten hat und diese in der richtigen Reihenfolge berücksichtigen muß. Dabei ist es durchaus möglich, daß erst verschiedene Iterationsschritte ein allen Restriktionen gerecht werdendes Optimum ergeben. Da die notwendige Anzahl solcher „Schleifen" nicht planbar ist, ist auch eine genaue Planung des Einsatzschwerpunktes und der Einsatzdauer eines graphischen Bildschirms unmöglich.

Eine Multimomentaufnahme im Konstruktionsbereich zeigte, daß etwa 25% der Tätigkeiten graphische Arbeiten waren, die über den 8-Stunden Tag eines Mitarbeiters in der Konstruktion verteilt waren. Dieser Zeitaufwand verringerte sich unter Berücksichtigung aller Störfaktoren um 80% bei Einsatz eines interaktiven CAD-Systems.

Hieraus ergibt sich, daß die Mitarbeiter etwa eine Stunde pro Tag an einem graphischen Bildschirm arbeiten und deshalb wegen der besseren Auslastung mehrere Mitarbeiter für einen Bildschirmarbeitsplatz vorgesehen werden können. Um unzumutbare Wartezeiten an den Stationen zu vermeiden, wurde in Übereinstimmung mit den Konstrukteuren eine 90%-ige Verfügbarkeit einer Arbeitsstation als ausreichend angenommen, d.h. in 90% aller Fälle sollte ein Bildschirm dem Konstrukteur ohne Wartezeit zur Verfügung stehen.

Diese Forderung beeinflußt direkt die Auslastung der Arbeitsstationen. Wie sich statistisch zeigen läßt, erhöht sich die Auslastung mit zunehmender Anzahl der Bildschirme. Dieser Effekt tritt allerdings nur auf, wenn an allen Arbeitsplätzen eine einmal an einem beliebigen Schirm begonnene Arbeit fortgesetzt und ein Datenaustausch unter den vorhandenen Arbeitsplätzen vorgenommen werden kann.

Aus diesen Daten wird die Folgerung abgeleitet, daß, falls es die örtliche Verteilung der Konstrukteure zuläßt, ein großer Pool von Bildschirmen günstiger ist als zwei kleine Pools. So ist ein einziger Pool mit acht Bildschirmen und einer möglichen Auslastung von 75% nicht zu ersetzen durch zwei kleine Pools mit je vier Bildschirmen, wenn eine Verfügbarkeit von 90% erhalten bleiben soll, da durch die mögliche Auslastung von 56% die Kapazität erheblich abnimmt. Erst zwei Pools mit je fünf Bildschirmen bieten bei gleicher Verfügbarkeit die gleiche Kapazität wie ein Pool mit acht Bildschirmen.

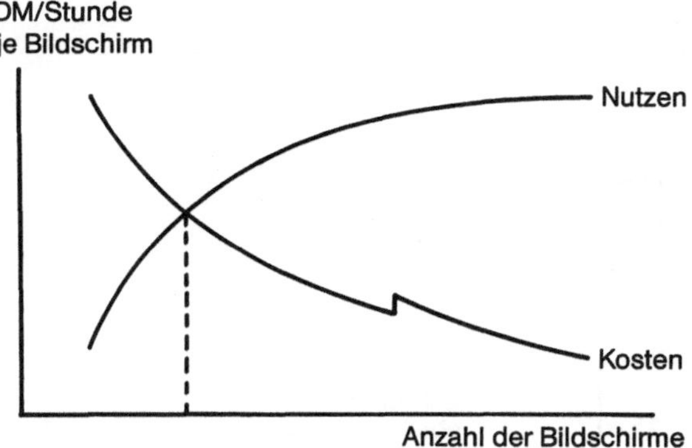


Abb. 8.4. Kosten/Nutzen-Vergleich

Aus dieser Sicht werden durch die Einführung graphischer Datenverarbeitung Tendenzen zur Zentralisierung der Konstruktionstätigkeiten gefördert als Konsequenz aus der statistischen Steuerung der Termine, zu denen die Konstrukteure den Zugriff zu Bildschirmen wünschen.

Bei der Nutzen/Kostengegenüberstellung wird in der Studie ein Reduzierungsfaktor von R = 5 angenommen, d.h. es wird für die gleiche Arbeit am Bildschirm 5 mal weniger Zeit benötigt als konventionell.

Diese Produktivitätssteigerung durch Einsatz von graphischen Bildschirmen erlaubt es, mit der gleichen Anzahl Konstrukteure ein entsprechend größeres Arbeitsvolumen abzuwickeln. Bei konventioneller Konstruktionsmethode wären für den gesteigerten Arbeitsumfang zusätzliche Konstrukteure nötig. Da in der Studie der Stundensatz bekannt war, konnte der „Nutzen" je Stunde und je eingesetztem Bildschirm ermittelt werden, womit in diesem Beispiel der Kostenvorteil gemeint ist, der durch den CAD-Einsatz erzielt werden kann.

Die Gegenüberstellung von Investitionskosten und durch CAD-Einsatz erzielbare Kostenverringerung in der Konstruktionsabteilung ergibt für das dargestellte Beispiel einen „Break-Even Point", der bei Einsatz von etwa vier Bildschirmen erreicht wird (Abb. 8.4), d.h. bei vier Bildschirmarbeitsplätzen wird der „Nutzen" größer als die Kosten, kleinere Pools rentieren sich also für diesen Anwendungsfall nicht!

Obwohl diese Wirtschaftlichkeitsbetrachtung schon recht detailliert die Analysedaten erfaßt, so berücksichtigt auch sie nur die monetär bewertbaren Daten, um eine Wirtschaftlichkeit eines CAD-Systems nachzuweisen. Gerade bei der Beurteilung einer CAD-Anlage haben aber auch die nicht monetär bewertbaren Zielkriterien eine große Bedeutung (Abschn. 8.3.1). und sollten deshalb Bestandteil einer Bewertung sein.

### 3. Ansatz

In der Literatur wird für die Bewertung von CAD-Anlagen bei der Investitionsentscheidung die Anwendung der Kosten-Nutzen-Analyse vorgeschlagen (Goldbecker, 1979), die Kriterien dieser Art berücksichtigen kann. Ausgehend von den Zielsetzungen und Anforderungen werden unter Berücksichtigung der vorhande-

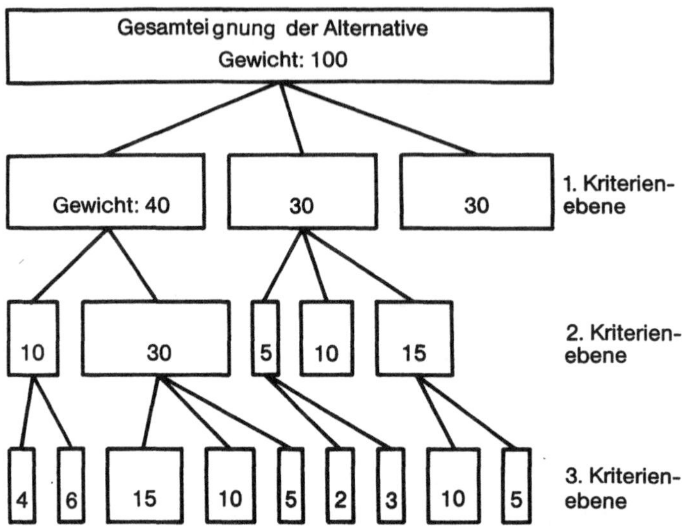



Abb. 8.5. Zielsystem zur Ermittlung des Nutzens der alternativen Systeme

nen Situation mit Hilfe des Leistungs- und Kostenmodells die Wirkungen und Kosten der betrachteten Alternativen ermittelt. Eine Ergebnismatrix stellt die zueinandergehörenden Paare von Wirkungen und Kosten gegenüber und führt unter Berücksichtigung der persönlichen Präferenzen zu einer Entscheidungsmatrix, aus der die optimale Projektvariante bestimmt werden kann. Hierbei können unter Umständen auch die Dimension Geldeinheiten gemessen werden, allerdings ist dies keine Voraussetzung für die Anwendung der Kosten-Nutzen-Analyse.

Der Nachteil der Methode besteht in ihrem großen Aufwand, denn die Aussagefähigkeit hängt in großem Maße von der Genauigkeit und der Vollständigkeit der Daten ab. Deshalb ist sie im wesentlichen für größere Projekte geeignet, aber durch die Unterteilung in Grund- und Zusatznutzen kann unter Umständen ein Großteil der Nutzenkriterien aus der Bewertung herausgenommen werden, wodurch der Nachteil zumindest teilweise wieder aufgehoben wird.

Nachfolgend soll der Lösungsweg dieses Ansatzes kurz erläutert werden. Zunächst wird ein Zielsystem formuliert, das alle für die Entscheidung relevanten Kriterien (auch *nicht* monetär quantifizierbare Kriterien!) beinhaltet (Abb. 8.5).

Anschließend wird eine nach den Präferenzen des Entscheiders ausgerichtete Gewichtung der Zielkriterien vorgenommen und in einem folgenden Schritt ein Bewertungsschema für die ermittelten Zielkriterien aufgestellt (Abb. 8.6), wobei den Bewertungsklassen Nutzwerte von 0–10 zugeordnet werden.

Die Bildung des gesamten Nutzwertes der alternativen Systeme, die in einer konkreten Entscheidung miteinander verglichen werden, erfolgt durch Gewichtung der Einzelnutzwerte und anschließende Summation nach folgender Vorschrift:

$$N_h = \frac{\sum_{j=1}^{m} g_j \cdot n_{n,j}}{\sum_{j=1}^{m} g_j}$$

| | 0 | 1 | Nutzwerte 0–10 | 10 |
|---|---|---|---|---|
| Krit. 1 | | | Bewertungsklassen | |
| Krit. 2 | | | | |
| ⋮ | | | | |
| Krit. n | | | | |

Abb. 8.6. Bewertungsschema

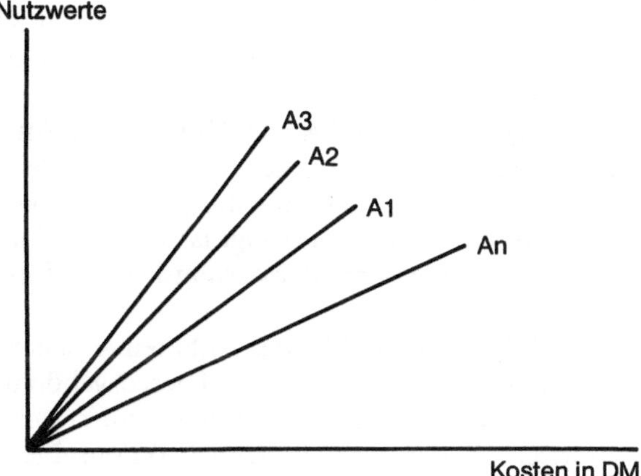


Abb. 8.7. Ergebnisdarstellung des Modells

Dabei ist $N_h$ der Nutzwert der Alternative $h$, $m$ die Anzahl der Kriterien, $n_{h,j}$ der Nutzwert der Alternative $h$ bei dem Kriterium $j$ und $g_j$ die Gewichtung des Kriteriums $j$.

Erst an dieser Stelle werden die Kosten den ermittelten Nutzwerten gegenübergestellt, und es ergibt sich die Darstellung in Abb. 8.7, aus der Alternative 2 als beste hervorgeht, da sie höchsten Nutzen mit kleinsten Kosten vereinigt. Bei einer anderen Gewichtung der Kriterien hätte auch eine andere Alternative bevorzugt werden können.

Die dargestellten Beispiele zeigen neben einigen Erfahrungswerten eines deutlich: Es kann keine generelle Aussage über die Wirtschaftlichkeit verschiedener CAD-Anlagen gemacht werden, sondern es muß für die jeweilige Anwendung ein die firmenspezifischen Umstände berücksichtigender Ansatz verfolgt werden. Nur so können die vielfältigen Parameter eine adäquate Bewertung erfahren und die Betrachtungen zu einem aussagekräftigen Ergebnis führen. Dabei ist oft nicht nur eine Kostenbetrachtung sinnvoll, sondern auch eine Beurteilung der Nutzengrößen, da diese gerade bei CAD-Anlagen häufig eine entscheidende Rolle spielen.

### 8.3.3 Implementierungsaufwand

#### 8.3.3.1 Aufwand für die Systemanpassung

Bei der Implementierung der CAD-Systeme ist in der Regel eine Anpassung an die einzelnen Unternehmenspezifika erforderlich. Diese Nacharbeiten werden sowohl bei rechnerflexiblen Systemen, die vornehmlich von den Softwarehäusern vertrieben werden, als auch bei den *Turn-Key-Systemen* und den großen integrierten Softwaresystemen notwendig.

Der Umfang der geleisteten und erforderlichen Arbeiten ist aber unterschiedlich. Bei der Implementierung von Insellösungen ist wegen der klaren Abgrenzung der Aufgabengebiete nur geringe Anpassung zu leisten, bei großen Systemen können aber bis zu ein oder zwei Mannjahren benötigt werden. Gerade die Hersteller von integrierten Systemen sind aber kaum zu größeren Änderungen an ihren Programmen auf Kundenwunsch bereit; nur kleinere Anschlußarbeiten werden übernommen oder teilweise auch an Softwarehäuser delegiert. Entstehen bei durchgeführten Anschluß- oder Änderungsarbeiten neue Komponenten, so werden diese unter Umständen zur Variation in die Programme übernommen.

Einige Hersteller erwarten beim Kunden ausreichend Know-How für die Anpassung in eigener Regie. Dies resultiert auch daraus, daß die Hersteller das *Personalproblem* im Softwarebereich nicht gelöst haben und häufig nur geringe Kapazitäten für die Systemanpassungen bereitstellen können. Die Folge ist, daß einzelne Firmen explizit diejenigen Kunden bevorzugen, die wenig Anpassungsleistung fordern.

Neben diesen der Einführung des CAD-Systems direkt zurechenbaren Arbeiten kommen aber häufig noch indirekt bedingte Tätigkeiten hinzu. Hierzu gehören z.B. die Einrichtung eines einheitlichen Zeichnungsnummernsystems, aber auch unter Umständen generelle organisatorische Änderungen der Konstruktionsabteilung und vor- und nachgelagerter Abteilungen, um einen effizienten Einsatz des Systems zu gewährleisten. Solche organisatorischen Maßnahmen können in manchen Fällen schon einen recht großen Rationalisierungseffekt auch ohne CAD erbringen!

#### 8.3.3.2 Aufwand für die Mitarbeiterausbildung

Die Mitarbeiterschulung ist ein weiterer Teil des Implementierungsaufwandes. Je nach Systemgröße werden für die Einarbeitung in ein CAD-System zwischen einer Woche und zwei Wochen für ausreichend angesehen, um danach weitgehend ohne Anleitung arbeiten zu können. Da die Bedienungsanleitungen häufig in englischer Sprache abgefaßt sind (besonders bei amerikanischen Anbietern), kommt hier noch das Erlernen der Sprache für die Systembedienung hinzu. Sind die Anwender der englischen Sprache mächtig, so ist nach Ansicht einiger Hersteller kaum eine Einarbeitung notwendig.

Der Wunsch vieler Kunden nach deutschen Anleitungen wird aber in neuerer Zeit von einem Teil der Hersteller berücksichtigt, so daß gegen einen Aufpreis auch Übersetzungen der Bedienungsanleitungen angeboten werden.

Größere Differenzen gibt es in der Einschätzung der notwendigen Zeit bis zur Beherrschung der Systeme. Reichen bei einfachen Graphikprogrammen und bei

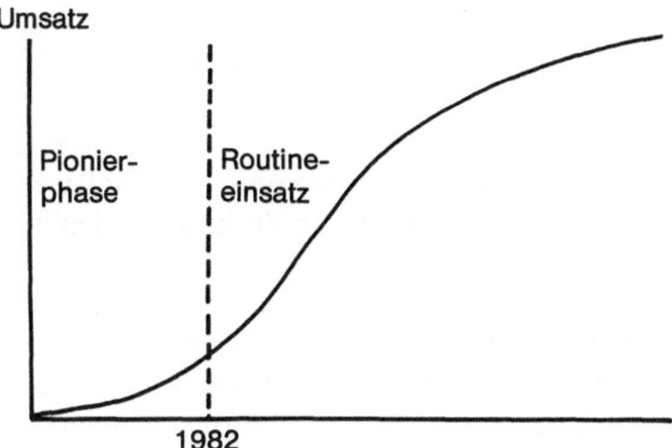


Abb. 8.8. Absatzsituation im CAD-Markt

kleineren Berechnungsprogrammen häufig etwa fünf Wochen aus, so benötigen die Anwender bei den integrierten Systemen und bei umfangreichen Berechnungsprogrammen (z.B. FEM-Programme) in der Regel 10–15 Wochen, in Einzelfällen auch bis zu einem Jahr, bis das System voll ausgenutzt werden kann. Die FEM-Programme verlangen aber grundsätzlich vom Bediener und Anwender solide Grundkenntnisse der mathematischen Methode, um die Probleme verarbeiten und vor allem die Ergebnisse einschätzen zu können!

## 8.4 Tendenzen der Markt- und Technologieentwicklung

Der CAD-Markt ist nach Aussage der Hersteller generell gekennzeichnet von großen Umsatzsteigerungen, resultierend aus steigender Nachfrage nach CAD-Systemen. Die Steigerungsraten liegen zwischen 15% und 50%, vereinzelt auch höher (Abb. 8.8). Dennoch erkennen die Hersteller noch eine große Zurückhaltung der potentiellen Anwender bei der Einführung der rechnerunterstützten Konstruktion, häufig hervorgerufen durch fehlende oder unzureichende Information über die Anwendung von CAD-Systemen. Insofern könne immer noch von der Pionierphase gesprochen werden, in der sich die CAD-Anwendung in der Bundesrepublik Deutschland befindet. Der Markt steht erst an der Schwelle zum Einsatz in größerem Umfang. Es muß noch einige Marketingarbeit geleistet werden, bis die Unternehmen den Einsatz von CAD in der Konstruktion zur Routine machen.

Dem steht allerdings die zu erwartende Preisentwicklung entgegen. Wirken sich vornehmlich in der kommerziellen Datenverarbeitung die fallenden Hardwarepreise auf die Systempreise aus, so wird diese Verbesserung des Preis-/Leistungsverhältnisses im Hardwarebereich bei den CAD-Systemen nicht zu so gravierenden Preissenkungen führen. Ausschlaggebend dafür sind die hohen Softwarepreise, die in den nächsten Jahren noch überproportional steigen werden. Durch den höheren Softwareanteil am Preis eines CAD-Systems gegenüber kommerziellen Systemen wirken sich diese Softwarepreisentwicklungen auf den Systempreis aus und werden bestimmend sein für die Entwicklung der Systempreise, die nach Ansicht der meisten Hersteller steigen werden. Bei großen Systemen sind zudem heute die Wartungskosten schon doppelt so hoch wie die Erstellungskosten und müssen an den Kunden weitergegeben werden.

Ein Großrechnerhersteller sieht allerdings eine andere Tendenz. Er erwartet in den nächsten fünf Jahren um den Faktor 10 fallende Hardwarepreise. Die Software würde zunächst im Preis steigen, längerfristig aber über höhere Verkaufszahlen billiger werden.

Im wesentlichen werden die Ausführungen in den vorangegangenen Kapiteln durch die Aussagen der Firmenvertreter auch bei den technologischen Trends bestätigt. Besonders weisen einige Hersteller auf die Notwendigkeit von 32-Bit-Rechnern zur Verarbeitung der großen Datensätze bei den Datentransformationen der in Zukunft weiter verbreiteten 3D-Systeme hin. Auch der Trend zur höheren Integration der Bauteile wird bestätigt, allerdings ist zur Zeit eine Kapazitätsgrenze bei der derzeitig möglichen Produktionstechnologie zu verzeichnen. Einige Firmen wollen die Entwicklung von Low-Cost-Systemen vorantreiben (DIN A0 Plotter für DM 20000, wartungsfreie Drucker für den halben heutigen Preis in zwei Jahren), womit CAD-Systeme auch den Klein-/Mittelbetrieben zugänglich wären.

Der Schwerpunkt liegt aber in der Softwareentwicklung, um z.B. die 3D-Graphik und andere Gebiete für CAD zu erschließen, wobei im Softwarebereich das Handikap einer fehlenden Standardisierung die Bemühungen lähmt.

# Literaturverzeichnis


APPLIED 1981
aus Unterlagen der Vertriebsfirma Applied Dynamics Europe, Van Rietschoten&Houwens, Systems Division, 155 Sluisjesdijk, 3008AB Rotterdam, Holland

APPLIED 1981–I
aus Unterlagen der Firma Applied Dynamics Europe, s.o.; Produkt der Firma Image Resource Corporation, 2260 Townsgate Round, Westlake Village, CA 91361, USA

APPLIED 1981–G
aus Unterlagen der Firma Applied Dynamics Europe, s.o.; Produkt der Firma Genisco Computers

APPLIED 1981–V
aus Unterlagen der Firma Applied Dynamics Europe, s.o.; Produkt der Firma Vector General, 21300 Oxnard Street, Wordland Hills, California 91367, USA

Bechmann u.a. 1979
Bechmann, Vahrenkamp, Wingert: *Mechanisierung geistiger Arbeit*, Campus Verlag, Heidelberg 1979

Boehm 1976
B.W. Boehm: *Software Engineering*, in: IEEE ToC C-25, 12(76), S. 1226-1241

Bott 1981
aus Unterlagen der Firma Dipl.-Ing. Bott Datensysteme GmbH, 8752 Hösbach

Brenner 1970
A.E. Brenner, P. DeBruyne: *A Sonic Pen: A Digital Stylus System*, in: IEEE Trans. on Comp. C-19, No. 6, June 1970

Burkert 1982
aus Unterlagen der Firma Beratender Ing. Bernd Burkert, Auerstraße 1, 7500 Karlsruhe 41

Calcomp 1980
aus Unterlagen der Firma Calcomp GmbH, Werftstraße 37, 4000 Düsseldorf 11

Calcomp 1981
aus Unterlagen der Firma Calcomp GmbH, Werftstraße 37, 4000 Düsseldorf 11

Calma 1981
aus Unterlagen der Firma Calma GmbH, Kaiserplatz – Colonia Haus, 7500 Karlsruhe

CCITT  *CCITT-Empfehlungen der V-Serie und der X-Serie: Datenübertragung*, 3.Aufl., R.V. Decker's Fachbücherei

CORE 1979
*General Methodology and the Proposed CORE System (Revised)* in: Computer Graphics, Vol. 13, No. 3, Aug. 1979

CREST 1980
*Computer Aided Design Modelling, System Engineering, CAD-Systems*, CREST Avanced Course Darmstadt, Springer Verlag 1980

Davis 1964

M.R. Davis, T.O. Ellis: *The RAND Tablet: A Man-Machine Graphical Communucation Device*, in: FJCC 1964, Spartan Books , Baltimore, S. 325

Dawes 1979

A. Dawes: *New Digital Hard Copy Technologies*, in: Digital Design, Vol. 9, No. 9, Sep. 79

Digital Design 1979

*Technology Trends: 75 Megabyte Data Cartridge System Improves Disk Backup*, in: Digital Design, Nov. 79, Vol. 9, No. 11 in: CCITT, S. 316

Eckert 1980

R. Eckert et al.: *Proposal of Standard DIN 00 66 252* in: *Information Processing, Graphical Kernel System (GKS), Funktional Description* (Version 5.2), 1980

Encarnacao 1975

J.L. Encarnacao: *Computer Graphics, Programmierung und Anwendung von graphischen Systemen*, R. Oldenbourg Verlag, München 1975

Enderle 1979

G. Enderle, I. Giese , M. Krause, H.P. Meinzer: *The AGF Plotfile – towards a Standardization for Storage and Transportation of Graphics Information*, GMD Birlinghofen 1979

Ferranti 1981

aus Unterlagen der Firma Ferranti GmbH, Taunusstraße 52, 6200 Wiesbaden

Gallenson 1967

L. Gallenson: *A graphic tablet display console for use under time-sharing*, in: Fall-joint Computer Conference, 1967, S. 689

Goldbecker 1979

H. Goldbecker: *Die betriebswirtschaftliche Bewertung von CAD-Systemen im Rahmen des Investitionsentscheidungsprozesses*, Düsseldorf 1979, VDI-Verlag

Hofer 1980

R. Hofer: *Im Blickpunkt: Drucker* in: Elektronik 1980, Heft 17

HP 1981

aus Unterlagen der Firma Hewlett-Packard GmbH, Herrenberger Straße 110, 7030 Böblingen

Knight 1968

Knight, Kenneth: *Evolving Computer Performance, 1962–1967*, in: Datamation, Jan. 1968; (auch in Auerbach, INFOSYSTEMS, Jan. 1976)

Negroponte 1971

N. Negroponte, L.B. Grossier, J. Taggert, Hunch: *An Experiment in Sketch Recognition*, in: GI-Fachtagung Computer Graphics, Berlin 1971

Professional 1978

in: Professional Engineer, Juni 1978

Sakaguchi 1970

M. Sakaguchi, N. Nishida: *The Hologram Tablet – A new Graphic¹Input Device*, in: Proc. AFIPS 1970, FJCC, S. 653-658

Schindler 1980

S. Schindler: *Offene Kommunikationssysteme, eine Übersicht*, in: Informatik-Fachbericht 27, 1980, G. Zimmermann (Hsg.)

Siemens 1981

aus Unterlagen der Firma Siemens AG, Bereich DV, Postfach 832940, 8000 München 83

Teixera 1968
>    J.F. Teixera, R.P. Sallen: *The Sylvania Tablet: A New Approach to Graphic Data Input*, in: Proc. AFIPS 1968 SJCC, S. 315-321

Tektronix 1981
>    aus Unterlagen der Firma Tektronix GmbH, Sedanstraße 13-17, 5000 KÖln 1

Trambacz 1976
>    U. Trambacz: *Zur Geräteunabhängigkeit in der interaktiven Computer Graphik*, Dissertation, TU Berlin, Fachbereich Kybernetik, 1976

Vajna 1982
>    S. Vajna: *Rechnergestützte Anpassungskonstruktion*, Dissertation an der Universität Karlsruhe, Fachbereich Maschinenbau, 1982

Versatec 1981
>    aus Unterlagen der Firma Versatec GmbH, Sommerstraße 35, 8025 München-Unterhaching

V24
>    *V.24-Liste der Definitionen für Schnittstellenleitungen zwischen Datenendeinrichtungen*, in: CCITT, S. 104

Westermann 1980
>    A. Westermann: *Graphische Datenverarbeitung im Konstruktionsbüro*, in: IBM Nachrichten 30 (1980), Heft 248

X21
>    *X.21–Schnittstelle zum allgemeinen Gebrauch zwischen Datenendeinrichtungen und Datenübertragungseinrichtungen in Öffentlichen Datennetzen*, in: CCITT, S. 310

X25
>    *X.25–Schnittstelle zwischen Datenendeinrichtungen (DEE) und Datenübertragungseinrichtungen (DÜE) für Endeinrichtungen, die im Paket-Modus in Öffentlichen Datennetzen arbeiten*, in: CCITT

# CAD-Fachgespräch

GI – 10. Jahrestagung
Saarbrücken 30. September – 2. Oktober 1980
Herausgeber: R. Wilhelm

1980. 83 Abbildungen, 4 Tabellen. VI, 184 Seiten
(23 Seiten in Englisch)
(Informatik – Fachberichte, Band 34)
DM 24,–. ISBN 3-540-10389-9

**Inhaltsübersicht:** CAD – Eine unternehmerische Herausforderung. – Programmkonzept und Dialogführung für einen Konstruktions-Arbeitsplatz mit Menüsteuerung und aktivem Zeichenbrett. – Steuerung der Kommunikation zwischen Benutzer und Rechner bei interaktiven Programm-Systemen. – Verknüpfung von CAD-Programmen zu einem CAD-System. – GRIMBI – Ein CAD-System für das funktionale Modellieren. – Rechnergestützte Automobilentwicklung. – Industrielle Einführung von CAD-Verfahren. – Einsatz eines Mikrorechner-CAD-Systems bei der Planung und Kostenoptimierung von Chemieanlagen. – Rechnergestützter Entwurf integrierter Schaltungen. – CAD/CAM Einsatz in Entwurf, Konstruktion und Fertigung von Flugzeugen. – Verwaltung von Methoden für interaktive Berechnung von Bauteilen in einem datenbankorientierten CAD-System. – Optimale Produktentwicklung durch rechnerunterstütztes Auswerten der konstruktiven Erfahrung. – Auswirkungen des technischen Wandels auf berufliche Qualifikationen am Beispiel von CAD. – Integration and Implementation of Computer-Aided Engineering and Related Manufacturing Capabilities into the Mechanical Product Development Processes. – Programmhilfen für die Eingabe, Verwaltung und Ausgabe von Daten in CAD-Programmen.

M. Kühn

# CAD und Arbeitssituation

Untersuchungen zu den Auswirkungen von CAD sowie zur menschengerechten Gestaltung von CAD-Systemen

1980. 47 Abbildungen. VII, 215 Seiten
(Informatik – Fachberichte, Band 32)
DM 28,50. ISBN 3-540-10324-4

**Inhaltsübersicht:** Vorbemerkungen: Gang der Untersuchung. Zur Einordnung in die Wirkungsforschung. Begriffsbestimmungen. – Der Computereinsatz in Konstruktion und Fertigungsvorbereitung: Die Rolle der Konstruktion im Industriebetrieb. Über die Maschinisierung von Kopfarbeit. Die Maschinisierung der Konstruktionsarbeit. – Die Gestaltung der Mensch-Computer-Schnittstelle als Humanisierung der Arbeit: Grundlagen einer humanen Arbeitsgestaltung. Beispiele für die Anwendung des Zielsystems auf interaktive Konstrukionsarbeitsplätze. – Schlußbetrachtung und Ausblick. – Ergebnisse in Stichworten. – Literaturverzeichnis.

Springer-Verlag
Berlin
Heidelberg
New York

J.L. Encarnação, E.G. Schlechtendahl

# Computer Aided Design

Fundamentals and System Architecture

1982. (Symbolic Computation, Computer Graphics)
ISBN 3-540-11526-9
In preparation

The book is a thorough introduction to the fundamentals
of Computer Aided Design (CAD). Both Computer
Science and Engineering Sciences contribute to the parti-
cular flavor of CAD. Design is interpreted as an iterative
process involving specification, synthesis, analysis, and
evaluation, with CAD as a tool to provide computer assi-
stance in all phases.
The major issues treated in the book are: System architecture; components and interfaces; data base aspects in
CAD; man-machine communication; computer graphics
for geometrical design; drafting and data representation;
the interrelationship between CAD and numerical
methods; and simulation and optimization. Economic,
ergonomic, and social aspects are considered as well.

G. Enderle, K. Kansy, G. Pfaff

# GKS –
# The Graphics Standard

1982. (Symbolic Computation, Computer Graphics)
ISBN 3-540-11525-0
In preparation

The book covers computer graphics programming on the
base of the Graphical Kernel System, GKS. GKS is the
first international standard for the functions of a computer
graphics system. It offers capabilities for creation and
represnentation of two-dimensional pictures, handling
input from graphical workstations, structuring and mani-
pulating pictures, and for storing and retrieving them. It
represents a methodological framework for the concepts of
computer graphics and establishes a common under-
standing for computer graphics systems, methods and
applications. This book gives an overview over the GKS
concepts, the history of the GKS design and the various
system interfaces. A significant part of the book is devoted
to a detailed description of the application of GKS functions both in PASCAL and a FORTRAN-language
environment.

Springer-Verlag
Berlin
Heidelberg
New York